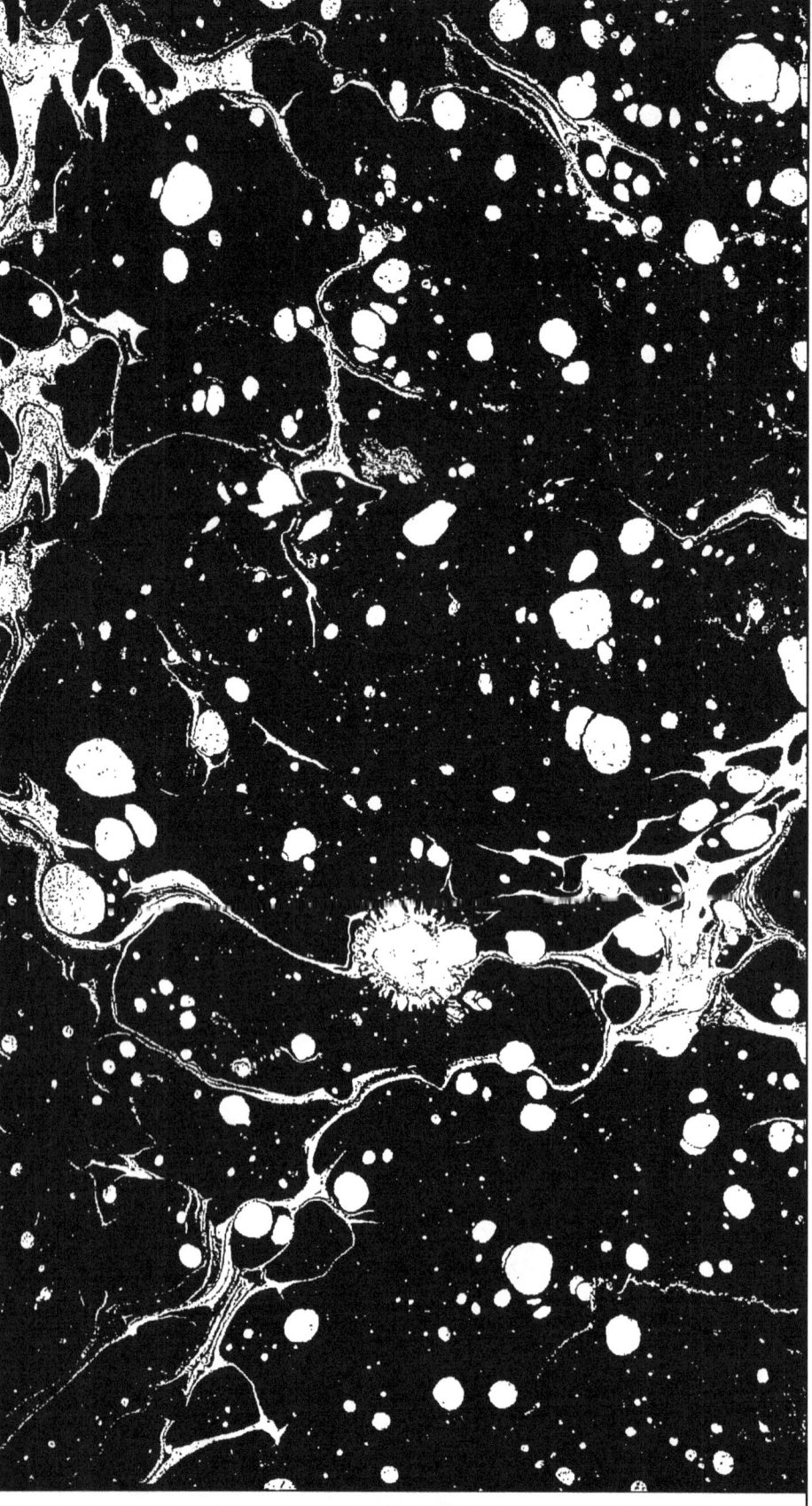

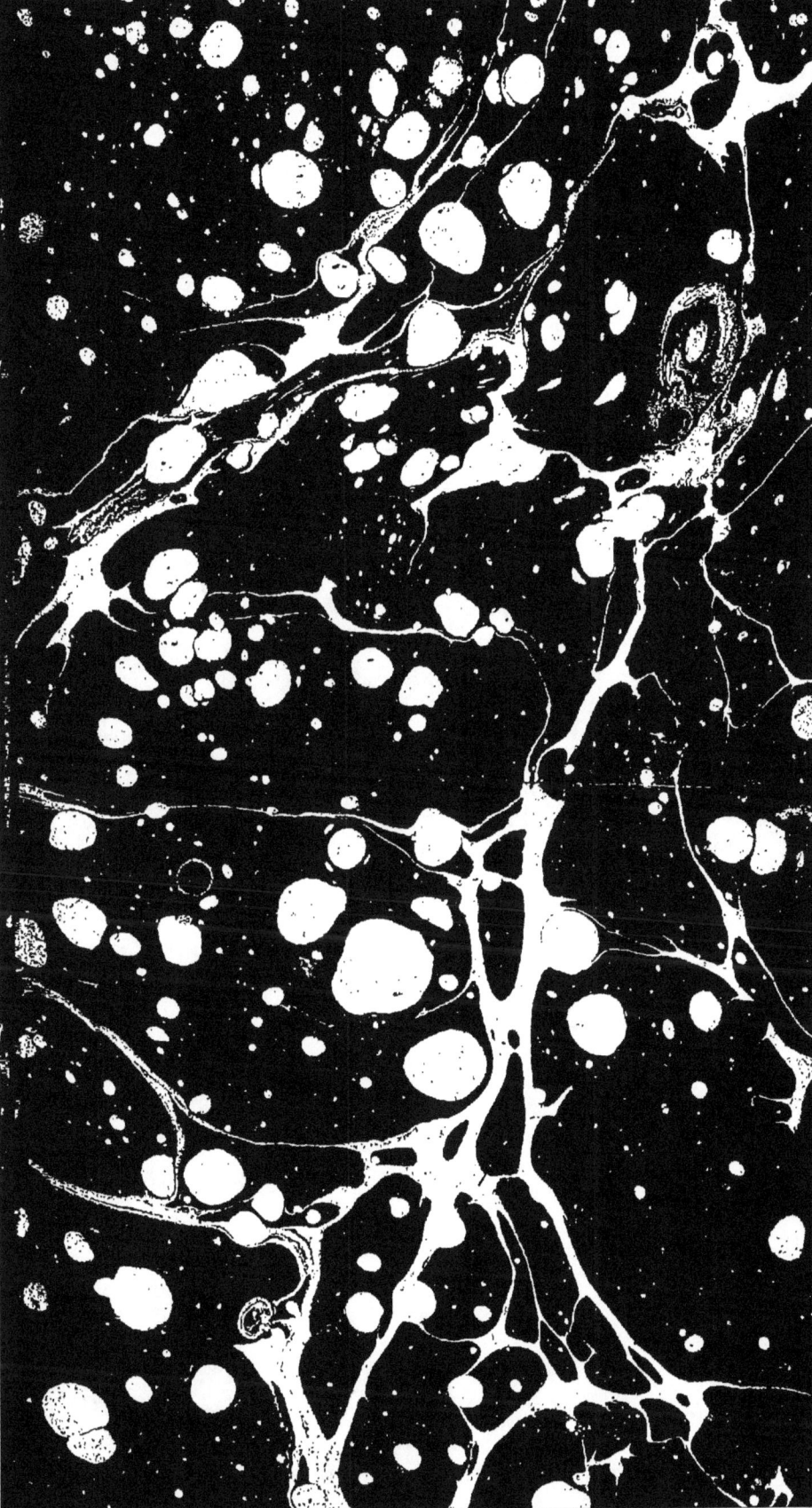

R 3010.
17 A.1.

A conserver

DE LA SUPÉRIORITÉ

DE LA FEMME.

On trouve chez le même Libraire :

Le Mérite des Femmes, par Legouvé, 1 vol. in-12. 1. 16.

Les Souvenirs, la Sépulture et *la Mélancolie*, poëmes du même auteur, 1 vol. 1. 16.

Mes Conventions, etc. par Vigée, 1 vol. 1. 16.

Poésies fugitives d'Armand Charlemagne, 1 vol. 1. 16.

DE L'EXCELLENCE
ET
DE LA SUPÉRIORITÉ
DE LA FEMME.

OUVRAGE TRADUIT DU LATIN

D'AGRIPPA,

AVEC LES COMMENTAIRES

DE ROÉTITG.

Nosce te ipsam.

DE L'IMPRIMERIE DE DELANCE.

A PARIS,

Chez Louis, Libraire, rue de Savoye, n°. 12.

1801.

AUX FEMMES.

Le grand Agrippa a démontré, dans le commencement du quinzième siècle, que la femme est infiniment au-dessus de l'homme.

Lorsque le traité de ce philosophe fut mis en lumière, les hommes, craignant de perdre la suprématie injuste qu'ils s'étoient arrogée sur vous, se liguèrent pour faire supprimer cet écrit. Ils seroient venus à bout d'anéantir cet immortel ouvrage, et de faire brûler AGRIPPA, comme athée et magicien, sans la protection puissante de Marguerite d'Autriche.

Heureusement, nous ne sommes plus dans ces temps où l'on faisoit rôtir sans pitié quiconque s'avisoit de faire connoître une vérité utile au genre humain. Aujourd'hui, il est permis de proclamer votre prééminence, sans avoir rien à craindre de la méchanceté des hommes.

Les ingrats! ils oublient que,

sans vous, la vie seroit un fardeau insupportable. Ils jouissent de vos faveurs enivrantes, et ils vous outragent! O Agrippa (*)! de tous les hommes, nous sommes les seuls, toi et moi, que l'amour propre n'ait point rendus aveugles. Nous sommes les seuls qui reconnoissions que, par le fait et non de droit

Du côté de la barbe est la toute-puissance.

(*) Il vient de paroître un ouvrage, intitulé, LE MÉRITE DES FEMMES, par *Legouvé*. O Femmes! qui pourroit le croire! une d'entre vous s'est servi des bouts rimés de *Legouvé*, pour faire LE MÉRITE DES HOMMES!

Mais, ô Femmes! il ne suffit pas qu'il vous soit démontré que vous valez mieux que nous; il faut encore que l'univers reconnoisse cette vérité. Il est un moyen sûr pour faire triompher votre cause.

Jurez toutes, de n'accorder désormais vos bonnes grâces qu'à ceux qui révéreront les grandes vérités exposées dans le sublime Traité d'AGRIPPA, et dans mon modeste Commentaire.

DE L'EXCELLENCE
ET
DE LA SUPÉRIORITÉ
DE LA FEMME.

I.

NULLE différence de l'ame de la Femme, d'avec celle de l'Homme.

DIEU, qui a engendré toutes choses et qui a comblé de biens l'un et l'autre sexe, a créé l'homme à son image, et l'a fait mâle et femelle (1).

La différence des sexes ne consiste que dans la différente position des parties du corps, et cette différence est nécessaire pour la génération (2). Mais Dieu a donné au mâle et à la femelle une ame entièrement semblable, et sans distinction de sexe.

Le même esprit, la même raison,

le même usage de la parole, ont été accordés à la femme et à l'homme. Ils marchent ensemble vers le séjour de la félicité éternelle, où il n'y aura nulle exception de sexe; il est bien vrai que nous devons ressusciter chacun dans notre propre sexe, mais l'évangile nous enseigne que la différence des sexes ne sera plus qu'un vain ornement, et que nous serons alors entièrement semblables aux anges (3).

Concluons donc que, du côté de l'ame, il n'y a aucune prééminence de noblesse entre l'homme et la femme, puisqu'ils ont l'un et l'autre une ame également libre et également grande.

II.

Il y a des preuves certaines de l'excellence de la Femme au-dessus de l'Homme.

Mais si nous faisons attention aux autres choses qui sont dans l'homme, nous trouverons que les femmes sont, en tout, infiniment au-dessus des hommes : et c'est ce que nous avons entrepris de faire voir ici, d'une manière qui ôte à l'esprit tout lieu d'en douter.

Les moyens dont nous nous servirons pour le prouver, ne seront point des raisons seulement apparentes ou étrangères au sujet, ou de ces folles subtilités de logique, dont se servent quelques sophistes, pour embarrasser ceux qui les écoutent. Mais nous établirons toutes nos preuves sur les témoignages des bons auteurs, sur des faits, et des histoires certaines, sur des raisons solides, sur l'autorité des saintes écritures, et sur les règles du droit civil et canonique.

III.

Le nom d'Eve prouve la supériorité de la Femme au-dessus de l'Homme.

Premièrement, je dis que la femme est autant supérieure à l'homme, que le nom de la première femme est au-dessus de celui du premier homme : en effet, Adam signifie *Terre*, et Eve signifie *Vie*. La femme est donc autant supérieure à l'homme, que la vie est au-dessus de la terre. L'on m'objecteroit, sans raison, que c'est avec peu de fondement que je veux juger de l'excellence des choses, par les noms qui leur ont été imposés, car on sait que celui qui a tiré l'univers du néant, connoissoit parfaitement les choses auxquelles il a imposé des noms, et que par conséquent, comme il ne peut se tromper, les noms qu'il leur a donnés, doivent en exprimer la nature, les usages et les propriétés.

Telle étoit, en effet, la beauté des

noms anciens, comme l'attestent les lois des romains, qu'ils convenoient aux choses qui les portoient, et donnoient clairement à connoître ce qu'elles étoient. C'est pourquoi les preuves tirées des noms sont d'un grand poids chez les théologiens et les jurisconsultes.

C'est ainsi que, dans l'Écriture, il est dit de Nabal : que son nom portoit qu'il étoit fou, et que la folie l'accompagnoit par tout. Saint Paul, dans l'épître aux Hébreux, voulant montrer l'excellence et la supériorité de J.-C. sur tous les autres enfans des hommes, le prouve ainsi : Jésus-Christ l'emporte d'autant plus au-dessus des autres hommes, en excellence et en perfection, que le nom qu'il a reçu est plus beau et plus noble qu'aucun de ceux qui ont jamais été donnés aux hommes.

C'est dans ce sens qu'il dit ailleurs, en parlant de Jésus-Christ : Dieu le père lui a donné un nom qui est au-dessus de tout nom, afin qu'au nom de Jésus tout genou fléchisse dans le ciel, sur la terre, et dans les enfers. Ajoutez à cela que, dans le droit, on a beaucoup d'égard aux noms; lesquels donnent lieu à différentes questions et à plusieurs disputes, que je n'exposerai pas de peur d'ennuyer mon lecteur. Il suffit de faire remarquer que les preuves qu'on tire des noms, sont d'un grand poids parmi les jurisconsultes....

Saint Cyprien prouve, contre les Juifs, que le nom qui fut donné au premier homme, étoit tiré des noms qui furent imposés aux quatre parties du monde, qui sont: l'Orient, l'Occident, le Septentrion et le Midi. Il prétend encore, dans le même endroit, que le nom d'Adam fait allusion à la terre dont il a été formé: quand il dit qu'une terre informe étoit devenue la chair du premier homme. Cette explication n'est cependant pas conforme à la manière dont ce nom est écrit dans les livres de Moyse; car Adam, en hébreu, est écrit avec trois lettres, non avec quatre. Mais cela est pardonnable à un si grand homme, qui n'avoit point appris la langue hébraïque. Plusieurs saints et habiles interprètes de l'Écriture l'ont aussi ignorée, sans être pour cela très-blâmables.

Si l'on n'a pas assez de complaisance pour souffrir que je donne telle explication qu'il me plaira du nom qui fut donné à la première femme, qu'on me permette du moins de dire que, selon les caractères mystérieux dont se servent les cabalistes, le nom de la première femme a beaucoup plus de rapport avec le nom ineffable de Dieu, qui s'écrit avec quatre lettres, que le nom du premier homme, lequel n'a aucune ressemblance avec celui de l'Éternel ;

ni du côté des caractères avec lesquels on l'écrit, ni dans leur figure, ni dans leur nombre. Mais en voilà assez là-dessus; peu de gens lisent ces sortes de choses, et encore moins de personnes les entendent. D'ailleurs, cela demande trop d'explications pour qu'on puisse s'y arrêter ici davantage.

IV.

LA Femme est le Chef-d'œuvre des ouvrages de Dieu.

Nous allons présentement montrer l'excellence de la femme, par des raisons tirées du fond du sujet; c'est-à-dire, de la femme en elle-même, de ses fonctions et de ses usages.

Examinons ce qui s'en trouve dans l'Écriture, et voyons, en commençant par sa création, combien l'origine de la femme est plus noble que celle de l'homme. On sait que la grande différence qui est entre les choses que Dieu a faites, consiste en ce que quelques-unes ne sont sujettes à aucun changement et à aucune corruption, au lieu que les autres sont changeantes et corruptibles. D'ailleurs, l'ordre que Dieu a suivi, dans la formation des unes et des autres, a été de commencer par ce qu'il y avoit de plus noble dans le premier genre, pour finir, au contraire, par ce qu'il y avoit de plus noble dans l'autre genre.

Ainsi nous voyons qu'il créa d'abord les anges et les ames : car c'est le sentiment de saint Augustin, que l'ame du premier homme fut créée en même temps que les anges, avant que son corps eût été formé. Ensuite, il créa les corps incorruptibles, les cieux, les étoiles et les élémens, qui, malgré leur incorruptibilité, souffrent cependant bien des changemens.

C'est avec ces élémens qu'il forma tous les corps qui sont sujets à la corruption ; en commençant par les plus vils, et continuant, toujours par degrés, des moins parfaits aux plus parfaits. Ainsi donc il forma d'abord les minéraux; puis les végétaux, les plantes, les arbres et les zoophites. Il créa, enfin, les reptiles, les poissons, les oiseaux et les quadrupèdes.

Dieu finit tout son ouvrage par la création de l'homme et de la femme, qu'il fit à son image et ressemblance. Il fit d'abord l'homme ; ensuite la femme, qui fut son dernier ouvrage.

Dieu se complut dans la création de la femme. Il y épuisa tout son savoir et toute sa puissance. Il lui fut impossible de rien imaginer de plus parfait. Il fut étonné lui-même de la beauté de la femme; il admira ses charmes, et s'unit à elle.

La femme étant donc la créature qui a été faite la dernière, et étant, par là, la fin et la perfection de tous les ouvrages de Dieu, qui peut lui disputer son excellence et sa grandeur au-dessus de toutes les créatures! Et qui oseroit affirmer que l'univers ait pu recevoir son dernier degré de perfection, autrement que par la formation de la plus parfaite de toutes les créatures! Peut-on penser que Dieu ait terminé un si bel ouvrage par quelque chose d'imparfait!

En effet, tout ce grand univers ayant été créé comme un cercle très-étendu et très-parfait, il a dû être achevé dans un point qui unit ensemble, très-exactement, les deux choses par lesquelles il avoit été commencé, et devoit être achevé. Ainsi, quoique la femme, selon l'ordre que Dieu a gardé dans la création de toutes les créatures, ait été créée la dernière, cependant, dans l'ordre des desseins de Dieu, la femme a été la première des créatures, par sa grandeur et ses avantages au-dessus des autres. C'est d'elle que nous lisons dans un prophète : avant que les cieux fussent créés, Dieu choisit et aima la femme par-dessus toutes choses.

Et, s'il m'est permis de me servir de termes usités chez les philosophes, je dirai avec eux : que la fin pour laquelle on fait quelque chose, est ce qui s'est présenté d'abord à l'esprit, quoique ce soit ce qu'on exécute le dernier. C'est dans ce sens que la femme a été le dernier ouvrage de Dieu. Elle est entrée dans le monde après qu'il a été perfectionné, comme dans un palais que le Très-haut avoit préparé à cette Reine de l'univers.

Le devoir et la justice engagent donc toutes les créatures à aimer la femme, à la respecter, à l'honorer, et à se trouver heureuses de vivre soumises à ses lois : parce qu'elle est la fin et la reine de toutes les créatures, qu'elle en est la perfection, l'ornement et la gloire. C'est pourquoi le Sage a dit : que celui qui est ami de Dieu, donne des louanges à la générosité de la femme, parce que le souverain de toutes choses l'a chérie.

V.

Le lieu où fut formée la Femme en prouve la grandeur.

L'Écriture établit bien puissamment la grandeur et la noblesse de la femme au-dessus de l'homme, par la différence des lieux où ils ont été créés. La femme, en effet, a été formée comme les anges, dans le paradis terrestre, qui étoit un lieu aussi fameux qu'agréable. L'homme, au contraire, a été créé comme tous les animaux, hors du paradis, dans un lieu champêtre. Dieu le fit entrer ensuite dans le paradis, où devoit être créée la femme. C'est pour cette raison que la femme, accoutumée à l'élévation du lieu de sa naissance, a reçu de la nature ce privilége spécial, de ne jamais sentir d'étourdissement ou de trouble dans sa vue, quelqu'élevé que soit le lieu d'où elle regarde en bas. On remarque le contraire dans l'homme. Et de plus, si, dans le même moment, un homme et une femme tombent dans l'eau, et ne peuvent y recevoir aucun secours, la femme surnagera plus long-temps que l'homme, qui se noîra plutôt qu'elle.

Que la noblesse de l'homme tire un nouvel éclat du lieu où il a pris son origine, c'est ce que confirment clairement les lois civiles et les sacrés canons. D'ailleurs, c'est l'usage et la coutume de tous les peuples, de faire cas, non-seulement des hommes, mais même des animaux et des choses inanimées, selon qu'elles sortent d'un lieu plus célèbre et plus renommé. C'est pour cette raison que nous voyons Isaac ordonner à Jacob son fils, de ne point prendre de femme du pays de Chanâan, mais de la Mésopotamie, parce qu'il croyoit qu'elle dût avoir une origine plus relevée.

C'est dans ce sens que nous lisons dans l'évangile de saint Jean : que Philippe, racontant qu'il avoit rencontré Jésus de Nazareth, fils de Joseph, Nathanaël lui demanda s'il pouvoit sortir quelque chose de bon de Nazareth? Mais en voilà trop sur ce sujet; passons à d'autres preuves.

VI.

La qualité de la matière dont fut faite la Femme, en établit l'excellence.

La femme est encore au-dessus de l'homme par la matière dont elle a été formée. L'homme, en effet, a été pétri d'une matière vile et inanimée : mais la femme a été formée d'une matière déjà purifiée, vivifiée et animée par une ame raisonnable, qui participe de l'esprit divin.

D'ailleurs Dieu avoit fait l'homme d'une terre qui, par sa nature, et la seule coopération des influences célestes, peut d'elle-même engendrer toutes sortes d'animaux. La femme, au contraire, a été créée par la seule vertu de Dieu; sans que, ni les influences des cieux, ni la nature aient eu aucune part dans sa formation. La femme a donc été faite, dans toute sa perfection, d'une côte qui a été ôtée à l'homme, sans qu'il s'en soit aperçu : tant le sommeil que Dieu lui avoit envoyé, étoit profond (4). L'homme est donc l'ouvrage de la nature, et la femme, celui de Dieu. C'est pour cette raison que la femme est plus propre que l'homme à être une image de la beauté divine, et souvent elle en est toute rayonnante. Sa beauté ravissante et ses agrémens sans nombre, ne nous en convainquent-ils pas suffisamment ?

En effet, la beauté n'étant rien autre chose qu'un rayon de la lumière et de la beauté éternelle, répandu sur les choses créées, qu'il rend belles et éclatantes; la divinité a choisi la femme préférablement à l'homme, pour se communiquer à elle avec profusion.

Ainsi le corps de la femme est ce qu'il y a de plus admirable et de mieux disposé. Sa chair est délicate, son teint clair et blanc, sa peau belle, sa tête bien faite, ses cheveux sont disposés avec grâce. Son visage est majestueux, son regard agréable, sa face rayonnante de beauté; elle a le cou blanc comme la neige, le front dégagé : ses yeux étincellans, ménagent leurs regards avec grâce, et inspirent toujours une gaieté douce et aimable : sur ses yeux s'élèvent deux sourcils, qui se courbent agréablement et conservent une certaine distance. Là commence un nez bien proportionné. Au-dessous, est sa bouche vermeille, qui est composée de deux lèvres bien faites, qui s'éloignent agréablement l'une de l'autre, lorsqu'elle rit, pour nous laisser voir ses dents blanches comme l'ivoire; elles sont petites et bien arrangées, en moins grand nombre que dans l'homme, parce que la femme mange moins et mord moins. Autour de sa bouche sont ses joues fines et délicates, qui sont fleuries de lis et de roses, et paroissent être le siége de la pudeur. Son menton arrondi est agréablement creusé dans son milieu. Son cou mince et délié, s'élève sur ses épaules rondes; sa gorge est blanche et délicate. Sa voix et son parler sont plus agréables que dans l'homme. Sa poitrine est surmontée de deux demi-globes fermes et rebondissans. Son ventre est arrondi. Ses côtes sont souples, son dos est plat et relevé. Ses bras sont longs, ses mains bien faites. Elle a des doigts délicats. Ses hanches et ses cuisses sont fermes. Elle a les jambes charnues. Les extrémités des mains et des pieds arrondies, et tous ses membres pleins de sucs (5).

VII.

Louanges données à la beauté de la Femme.

Ajoutez encore que son marcher est modeste, ses mouvemens plus décens, ses gestes plus nobles que ceux de l'homme; la symétrie de tout son corps, sa figure, son maintien, son air, la rendent infiniment plus belle que toutes les autres créatures, parmi lesquelles il n'y a point de spectacle plus merveilleux, ni de prodige plus digne de notre attention que la femme. De sorte qu'on ne peut, sans être aveugle, ne point voir que Dieu a rassemblé dans la femme, tout ce qu'il pouvoit y avoir de beau dans l'univers entier; ce qui fait que toutes les créatures la regardent avec étonnement, l'aiment, la vénèrent et la désirent ardemment.

Nous voyons même que des démons, qui sont des substances spirituelles, souffrent de violentes passions pour les femmes. C'est une vérité établie sur des expériences certaines, et non une opinion fausse et mal fondée. Car, pour ne rien dire de ce que les poëtes nous ont raconté des amours des Dieux, et des femmes qu'ils aimoient, et sans peindre ici la passion d'Apollon pour Daphné, de Neptune pour Salmonée, d'Hercule pour Hébé, Iole et Omphale; et de tous les autres Dieux pour leurs maîtresses, et les amours sans nombre de Jupiter : je vous ferai seulement remarquer que les saintes écritures, entre tous les biens dont Dieu a orné la femme, louent particulièrement, en cent endroits, sa grande beauté. C'est un présent du ciel, que les Dieux et les hommes chérissent.

C'est ainsi que nous lisons dans la Genèse : que les enfans de Dieu, voyant que les filles des hommes étoient belles, choisirent entre elles celles qui leur plûrent, pour être leurs femmes. L'écriture dit de Sara, la femme d'Abraham : qu'elle étoit très-belle, et que sa beauté effaçoit celle des autres femmes. Le serviteur qu'Abraham avoit envoyé en

Mésopotamie, pour y choisir une femme à Isaac son fils, ayant aperçu Rebecca, qui étoit très-belle, se disoit à lui-même : voilà celle que le Seigneur a destinée pour être l'épouse d'Isaac. Abigail, enfin, qui étoit mariée à Nabal, homme très-méchant et très-injuste, avoit autant de sagesse et de prudence que de beauté. Elle appaisa la colère de David, et sauva la vie et les biens à son mari : c'est ainsi que ce méchant homme évita la juste colère de David, à cause de sa femme qui étoit très-belle. Car David tint ce discours à Abigail : allez en paix dans votre maison, j'ai entendu votre voix, et j'ai respecté votre visage. En effet, la beauté étant ou du côté de l'esprit, ou du côté du corps, ou du côté de la voix et du discours, Abigail étoit belle en toutes manières. Elle avoit beaucoup de prudence et d'esprit ; sa voix et ses discours étoient agréables et persuasifs ; et rien ne lui manquoit des beautés et des agrémens du corps. Enfin, après la mort de son mari, elle devint une des épouses de David.

Bethsabée étoit si belle, que David, ne pouvant se défendre de ses charmes, la prit pour femme, après la mort de son époux, et l'éleva, préférablement à ses autres femmes, à la dignité de Reine (6). La jeune Abisaag fut choisie, parce qu'elle étoit très-belle, pour réchauffer David déjà vieux. C'est pourquoi le Roi la combla d'honneurs et de biens; et après sa mort, elle fut regardée comme une Reine puissante.

Nous pouvons rapporter ici ce que nous lisons dans les saints livres, de la grande beauté de la Reine Vasti, et de celle d'Esther, qui fut choisie, à sa place, pour être l'épouse du Roi Assuérus. Mais Esther étoit plus belle que Vasti. L'écriture nous rapporte encore que Dieu augmenta tellement la beauté de Judith, qu'on ne pouvoit la regarder sans étonnement et sans admiration; nous lisons enfin, que Susanne étoit très-belle et très-aimable.

Ne voyons-nous pas encore dans l'écriture, que Job, après toutes sortes d'épreuves, et après avoir été assiégé, de toutes parts, de maux et de misères, Dieu voulut enfin récompenser sa patience; entre autres choses, il lui donna trois filles, plus belles que les trois Grâces, et que nulles femmes n'avoient jamais égalées en beauté.

Si nous lisons les histoires des vierges saintes que l'église catholique honore, nous verrons, avec admiration, avec quelle profusion elle élève, par ses louanges, leur grande beauté au-dessus de celle de tous les enfans des hommes. Mais, entre ces filles saintes, la vierge Marie, mère de de Dieu, tient la première place. Le Soleil et la Lune ont admiré sa beauté. Il régnoit sur sur son visage, qui étoit le siége des charmes et des agrémens, un si grand fonds de pudeur et de sainteté, que tous les yeux étoient éblouis du vif éclat de sa beauté, sans cependant que ses appas aient jamais excité dans l'esprit d'aucun homme, aucun désir amoureux.

J'ai jugé à propos de rapporter ici exactement tous ces témoignages de l'écriture, où il est parlé si souvent de la beauté de la femme, afin de faire comprendre que ce ne sont pas les hommes seuls qui ont eu de grands égards pour la beauté des femmes; mais que Dieu même l'a comblée d'honneur et de gloire. C'est pourquoi nous lisons que Dieu, ayant ordonné qu'on mît à mort tous les hommes et même les enfans, voulut qu'on épargnât les belles femmes. Dans le Deutéronome, Dieu permet aux enfans d'Israël, de se choisir, parmi leurs esclaves, une belle femme pour épouse.

VIII.

Pudeur et modestie des Femmes.

Outre les avantages de la beauté, les femmes ont encore celui d'une pudeur qui surpasse tout ce qu'on peut en dire. Leurs cheveux croissent assez pour couvrir toutes les parties de leur corps, que la pudeur veut qu'on cache; et elles peuvent satisfaire aux besoins de la nature, sans toucher ces parties, ce qui n'est pas de même dans l'homme. De plus, la nature paroît avoir voulu ménager la pudeur de la femme, en cachant et renfermant en dedans, ce qui paroît au dehors dans l'homme. En un mot, la nature a donné à la femme plus de pudeur et plus de retenue qu'à l'homme.

En effet, on a vu des femmes préférer une mort certaine, plutôt que de se montrer aux chirurgiens, pour être soulagées de leurs maux cachés. Et elles conservent ce prodigieux amour de la pudeur, jusqu'aux derniers momens de la vie, et même après la mort. Comme on remarque en celles qui ont péri dans l'eau : car, comme rapporte Pline, et comme on le remarque tous les jours, le cadavre d'une femme noyée nage sur le ventre, la nature ménageant encore la pudeur de la défunte : un homme noyé, au contraire, nage sur le dos.

IX.

Propreté de la Femme.

La partie la plus noble dans le corps de l'homme est la tête, et surtout le visage. C'est ce qui le distingue des bêtes, et fait connoître que sa nature est divine. Mais cette tête est, dans l'homme, toute défigurée, lorsqu'il devient chauve, au lieu que la femme, par un bienfait de la nature, ne perd jamais ses cheveux.

De plus, la barbe rend si difforme le visage des hommes, et les couvre de poils si sales et si vilains, qu'on les prendroit volontiers pour des bêtes. Les femmes, au contraire, ont toujours le visage net et agréable. C'est pour cela que la loi des douze tables défendoit aux femmes de se raser le visage, de peur qu'en devenant couvert de barbe, la pudeur ne parût plus peinte sur leurs joues.

Mais une preuve très-évidente de la netteté et de la propreté de la femme, est qu'une femme qui s'est une fois bien lavée, a beau se laver dans de l'eau nouvelle, cette eau n'en est aucunement salie ; au lieu qu'un homme, quel que soit le nombre de fois qu'il se soit lavé, trouble et salit toujours l'eau dans laquelle il se lave. De plus, le sang, dans l'homme, se purge de ses superfluités par son visage, qui est ce qu'il y a en lui de plus noble. Mais la nature y a pourvu avantageusement dans la femme. Cette purgation se fait, chez elle, dans des temps réglés et d'une manière fort secrète. La nature ayant permis à l'homme seul de diriger ses regards vers les cieux (7) ; la femme, pour ne cesser de les contempler, tombe toujours sur le dos, lorsqu'il lui arrive de tomber, et elle ne tombe jamais autrement, à moins qu'elle ne le veuille.

X.

La Femme fournit le principal dans la génération. Conséquences de ce principe.

Ne voyons-nous pas encore que la nature a préféré la femme à l'homme, en donnant à celle-ci une plus grande part qu'à l'homme dans la génération ! cela est hors de doute, puisque, comme disent Galien et Avicenne, la semence de la femme est seule la matière et la nourriture de l'enfant qui commence à se former dans son sein; et que ce que l'homme donne n'est, dans ce premier projet du fœtus, que comme un accident de substance. En effet, la principale fonction de la femme, comme l'attestent les lois, n'est-elle pas de donner au monde des enfans, et d'en avoir soin ?

C'est pour cette raison que la plupart des enfans ressemblent à leurs mères; parce qu'ils sont tous faits de leur sang. Mais cette ressemblance qui se trouve le plus souvent du côté du corps, se fait toujours remarquer du côté des mœurs et des inclinations : car si les mères sont sans esprit, leurs enfans tiendront d'elles. Au contraire, si elles ont de l'esprit et de la sagesse, leurs enfans en auront aussi.

Mais c'est tout le contraire dans les pères; car, le plus souvent, des pères pleins d'esprit auront des enfans qui en seront peu fournis : et des pères hébêtés auront des enfans fort spirituels ; pourvu que la mère soit bien censée. Et certes, la seule raison, pourquoi les mères ont plus d'amitié et de tendresse pour leurs enfans, que n'en ont les pères, c'est parce qu'elles sentent qu'ils tiennent plus de leur mère que de leur père.

C'est, je crois, pour la même raison que nous sommes naturellement plus portés à aimer nos mères que nos pères ; en sorte qu'il paroît que nous n'avons pour nos pères qu'une amitié respectueuse, tandis que nous aimons nos mères seules avec tendresse et ouverture de cœur.

C'est encore pour ce sujet que la nature a donné tant de vertu au lait de la femme ; car il n'est pas seulement propre à nourrir ses enfans, mais même il est capable de rendre la santé aux malades, et il suffit pour conserver la vie aux grandes personnes. Nous en trouvons un exemple dans Valère-Maxime. Une jeune fille plébeïenne nourrit de son lait son père qui, sans cela, seroit mort de faim dans la prison. A cause de cette belle action, le père obtint sa grâce ; ils furent, l'un et l'autre, nourris aux dépens du Public, et leur prison fut transformée en un temple consacré à l'amitié filiale.

XI.

Choses particulières et étonnantes qui se remarquent dans la Femme.

Aussi est-il certain que, pour l'ordinaire, la femme est plus tendre et plus compatissante que l'homme. Aristote regarde la compassion et la miséricorde comme le propre de la femme. Je crois que c'est pour cela que Salomon a dit, que là où il n'y a pas de femme le malade languit. Soit parce que la femme est plus adroite et plus prompte que l'homme à servir et à secourir un malade ; soit parce que le lait de la femme est un remède très-puissant pour les malades, et même capable de rendre la santé à ceux qui seroient près de mourir. C'est pourquoi, comme le rapportent les médecins, la chaleur des mamelles d'une femme, approchées de l'estomac des hommes cassés de vieillesse, réchauffe, renouvelle et conserve leur chaleur vitale. David ne l'ignoroit pas, car il choisit Abisaag pour le réchauffer par ses embrassemens

C'est encore une chose certaine que la femme est, beaucoup plutôt que l'homme, capable de remplir la fonction sacrée de la génération. Elle est nubile dès dix ans, et même avant, et l'homme ne l'est que beaucoup plus tard. On sait encore que la femme lorsqu'elle est enceinte, et peu après être délivrée, recherche cependant l'usage du mariage. On remarque le contraire dans les femelles de tous les animaux. La femme est si disposée à concevoir, qu'on lit que des femmes ont conçu sans avoir eu aucun commerce avec l'homme. Il y a, entre autres, un philosophe qui rapporte, qu'une fille conçut parce qu'elle avoit reçu, dans le bain, de la semence d'un homme qui s'étoit baigné.

Il y a encore une chose bien surprenante dans les femmes. Souvent, lorsqu'elles sont enceintes, leur goût dérangé leur fait user de viandes et de poissons crus; quelquefois même elles mangent du charbon, de la terre et des pierres; elles prennent même pour nourriture du métal, du poison et d'autres choses de cette sorte, sans qu'il leur en arrive aucun mal. Au contraire, leur corps se trouve également bien nourri de ces mets extraordinaires, comme si elles prenoient de bonne nourriture.

Mais on ne s'étonnera plus de voir la nature prendre plaisir à multiplier ses prodiges dans la femme, si on lit ce que les philosophes et les médecins ont écrit. J'en rapporterai seulement un exemple qui se trouve sous ma main. Le sang que les femmes jettent dans leurs purgations ordinaires, est non-seulement un remède souverain contre les fièvres quartes, l'hydropisie, le mal caduc, la ladrerie, les vapeurs et contre toute autre maladie effrayante et dangereuse, mais il produit bien d'autres effets plus surprenans : entre autres, il éteint les incendies, il appaise les tempêtes, il éloigne le danger qu'on court sur un fleuve rapide, il chasse ce qui peut nuire, il rend nuls tous les maléfices des sorciers, et met les diables en fuite. Je n'entreprends point de rapporter ici des exemples de toutes les autres choses admirables qui sont dans la femme.

J'ajouterai seulement que l'opinion des philosophes et des médecins, est que la femme a reçu le privilége admirable de pouvoir trouver en elle-même des remèdes puissans contre toute sorte de maladies, sans avoir besoin d'aucun secours étranger à elle-même.

Mais ce qu'il y auroit de plus digne d'admiration dans la femme, seroit de pouvoir seule et sans l'aide de l'homme, concevoir et donner des enfans au monde. L'homme n'a jamais eu une telle puissance. Les Turcs et les Mahométans regardent cela comme une chose certaine. Il y en a parmi eux plusieurs qui croient être nés sans l'aide d'aucun homme. Ils les appellent dans leur langue Nosesolgi. L'on raconte même qu'il y a des îles où les femmes sont rendues fécondes par un souffle de vent : ce qui cependant nous paroît être très-faux.

En effet, il n'y a absolument que la Sainte Vierge qui ait conçu et enfanté Jésus-Christ sans le secours de l'homme ; elle devint féconde naturellement et forma Jésus-Christ de sa propre substance, car la bienheureuse Vierge est très-véritablement la mère de Jésus-Christ, et

Jésus-Christ est le fils véritable et naturel de Marie, parce que Dieu a été fait homme dans le sein de la Vierge très-pure, qui n'est point née tachée du péché originel. C'est pourquoi elle a mis Jésus-Christ au monde, sans douleur, et elle n'a point été sous la puissance de son mari. Dieu l'a tellement rendue féconde, qu'elle a conçu sans l'entremise d'aucun homme (8).

Cependant, parmi les animaux, nous trouvons quelques femelles qui conçoivent sans mâle. Origène rapporte, dans son livre contre Fauste, que l'histoire le disoit de la femelle du vautour. L'antiquité nous apprend encore que quelquefois les cavales sont rendues fécondes par un souffle de vent. Voilà ce qu'il est dit de ces cavales : elles sont sur de hautes roches, la tête tournée vers le vent du couchant, elles y respirent un air foiblement agité, et ce vent seul les fait concevoir sans autre secours.

XII.

PREUVE tirée de l'usage de la parole.

MAIS que dirai-je de l'usage de la parole, ce don du Ciel, qui seul nous distingue infiniment des bêtes? Mercure Trismégiste l'estime autant que l'immortalité, et Hésiode l'appelle le plus précieux trésor que l'homme puisse posséder. La femme ne parle-t-elle pas avec plus de politesse et plus de grâce que l'homme? n'est-elle pas, plus que l'homme, abondante en discours, et plus heureuse dans le choix de ses expressions? ne sont-ce pas les femmes, soit nos mères, soit nos nourrices, qui nous ont d'abord appris à parler à tous tant que nous sommes? Et certes, la Nature, la mère et l'architecte de toutes choses, y a si sagement pourvu, pour le bien de tout le genre humain, qu'il est très-difficile de trouver une femme qui soit privée de l'usage de la parole. Qu'il est donc beau, qu'il est honorable à la femme d'exceller au-dessus de l'homme dans une chose qui le distingue le plus d'avec la bête !

XIII.

La Femme fait le bonheur de l'homme.

Mais laissons le profane, et revenons enfin aux livres saints ; nous allons remonter jusqu'à la naissance de la religion, et tout examiner exactement.

Premièrement, nous savons, avec certitude, que Dieu ne donna sa bénédiction au premier homme, qu'à cause de la femme : car l'homme en étoit indigne, et ne l'avoit pas méritée avant la formation de la femme. Ceci s'accorde avec ce proverbe de Salomon : Celui qui aura trouvé une bonne femme, aura trouvé un grand bien, et il sera béni de Dieu. C'est à peu près ce que dit l'Ecclésiastique : heureux l'époux d'une bonne femme, le nombre de leurs années sera double. Le bonheur d'aucun homme ne pourra être comparé avec celui d'un homme qui aura été digne d'avoir une bonne femme. Car, comme dit l'Ecclésiastique : une bonne femme est un don au-dessus de tous dons. C'est pourquoi Salomon l'appelle, dans ses proverbes, la couronne de son mari ; et Saint Paul, la gloire de son époux.

Or, la gloire ne signifie rien autre chose, que la dernière perfection d'un être qui se repose et se plaît dans la possession de sa fin ; de sorte qu'on ne puisse rien ajouter pour le rendre plus parfait. La femme est donc la dernière et entière perfection de son mari, son bonheur, sa bénédiction et sa gloire ; et, comme dit Saint

Augustin, la plus parfaite société que l'homme puisse avoir. C'est pourquoi, il faut absolument que tout homme aime la femme ; car celui qui ne l'aimera point, ne peut posséder aucune vertu ni aucun don du ciel. Il a même détruit en lui tous les sentimens de l'humanité.

Il faudroit peut-être rapporter ici ces mystères de la cabale : comment Abraham fut béni de Dieu, à cause de sa femme, Dieu ayant ôté de Sarah, nom de la femme d'Abraham, la dernière lettre H, pour l'ajouter au nom de son mari, qui ne fut plus appelé Abram, mais Abraham : comment Jacob, par le conseil de sa mère, usurpa, au préjudice de son frère aîné, la bénédiction de son père. Mais ce n'est pas ici le lieu de nous y arrêter.

XIV.

La Femme paroît avoir été moins blâmable que l'homme, dans la désobéissance.

La bénédiction a donc été donnée à cause de la femme, et la loi à cause de l'homme. Mais, quelle loi ? Une loi de colère et de malédiction ; car Dieu défendit à l'homme de manger du fruit de l'Arbre de la science du bien et du mal, et non à la femme, qui n'étoit pas encore créée ; car Dieu voulut, dès son origine, la laisser libre. C'est pourquoi l'homme, en mangeant du fruit défendu, pécha, et la femme ne pécha point. C'est l'homme qui a donné la mort et non la femme. Nous avons tous péché en Adam et non en Eve ; nous héritons du péché de nos pères, et non de nos mères. C'est pour cela que l'ancienne loi ordonnoit que tout mâle fût circoncis ; mais la circoncision n'étoit point pour les femmes; car l'intention de la loi étoit de punir le péché d'origine dans le sexe qui avoit commis le péché (9).

D'ailleurs, Dieu ne reprit point formellement la femme d'avoir mangé de ce fruit, mais d'avoir donné occasion à son mari de contrevenir aux ordres de Dieu; ce qu'elle fit par surprise, le diable l'ayant tentée. L'homme pécha donc avec parfaite connoissance de ce qu'il faisoit, mais la femme fut trompée et erra par ignorance.

En effet, ce fut elle que le diable tenta d'abord, sachant que la femme étoit la plus excellente de toutes les créatures; et, comme dit Saint Bernard : le diable voyant sa grande beauté et sa parfaite conformité avec l'idée que Dieu lui en avoit manifestée, et connoissant bien qu'elle jouiroit, plus que tous les anges, de la compagnie de Dieu, toute sa haine et son envie se tourna contre la femme, parce qu'il la voyoit si excellente.

C'est pourquoi, Jésus-Christ ayant voulu prendre la nature humaine dans l'état le plus vil et le plus abject, afin d'expier par son humiliation l'orgueil du péché du premier homme, a choisi le sexe masculin, comme étant le plus méprisable, et non le féminin qui est le plus noble et plus relevé que le masculin (10). De plus, le genre humain étant devenu criminel, par le péché de l'homme, et non par celui de la femme, Dieu a voulu que le péché fût expié dans le sexe qui avoit commis le péché; et que du sexe qui avoit été surpris et trompé sans le savoir, sortît celui sur qui le péché devoit être vengé. C'est pour cela que Dieu dit au serpent : ce sera la femme, ou, comme on lit ailleurs, ce sera la semence de la femme qui t'écrasera la tête; et non pas l'homme, ou la semence de l'homme.

Et c'est peut-être là la raison pourquoi l'Eglise a plutôt confié l'ordre sacerdotal à l'homme qu'à la femme, parce que tout prêtre représente Jésus-Christ : or, Jésus-Christ représente le premier pécheur, qui est Adam. Cela peut servir à donner l'intelligence du sens de ce canon qui commence ainsi: «cette image, etc.», dans lequel il est dit que la femme n'a pas été faite à l'image de Dieu; car cela doit s'entendre de la ressemblance au corps de Jésus-Christ, qui est d'un sexe différent. Jésus-Christ n'a cependant pas voulu être le fils d'un homme, mais d'une femme qu'il a tellement comblée d'honneurs, qu'il s'est incarné dans son sein sans l'entremise d'aucun homme. Car c'est à cause de la femme et non à cause de l'homme, que Jésus-Christ a été appelé le fils de l'homme. Et c'est-là ce prodige étonnant que le prophète considère avec la dernière admiration ; une vierge qui rend nul l'usage des deux sexes, renfermant dans son sein Jésus-Christ qu'elle a conçu sans l'aide d'aucun homme.

Aussi Jésus-Christ, après être ressuscité, apparut d'abord à des femmes, et non à des hommes. Tout le monde sait que, depuis la mort de Jésus-Christ, plusieurs hommes ont abandonné la foi, et ont renoncé à la religion chrétienne : mais il ne s'est jamais élevé dans l'Église aucune persécution contre la religion, aucune hérésie, aucune erreur dont les femmes aient été les auteurs. Les hommes seuls ont causé tous ces maux. Jésus-Christ n'a été trahi, vendu, acheté, accusé, condamné, crucifié et mis à mort, que par les hommes. Et, bien plus, Pierre son apôtre l'a renié : ses autres disciples l'abandonnèrent. Il n'y a eu que les femmes, qui l'ont accompagné jusqu'à la croix, et jusqu'au tombeau. Et même la femme de Pilate, quoique païenne, s'efforçoit de sauver Jésus-Christ plus qu'aucun des hommes qui croyoient en lui. J'ajouterai encore avec le plus grand nombre des théologiens que, dans le temps de la passion du Sauveur, l'Église ne subsistoit plus que dans une seule femme, qui étoit la sainte Vierge; et c'est pour cela que l'Église donne dans ses prières, le titre de saint et de religieux, au sexe féminin.

X V.

La Femme peut tout sur l'homme.

En vain quelqu'un m'objecteroit avec Aristote que, dans tous les animaux, les mâles sont toujours les plus prudens; Saint Paul, le grand docteur des Gentils, lui répondra pour moi : que Dieu a choisi ce qu'il y avoit

avoit de foux dans le monde, pour en confondre les sages; qu'il a choisi ce qui étoit de plus foible pour confondre ce qui étoit de plus fort: que Dieu a choisi enfin ce qui paroissoit n'être rien et très-méprisable, pour détruire ce qui paroissoit plus réel et plus estimable.

En effet, quel est l'homme qui ait été plus abondamment enrichi des dons et des perfections de la nature, que l'a été Adam? et cependant une femme l'a humilié. Qui a jamais été plus fort que Samson? une femme l'a dépouillé de sa force. Qui a été plus chaste que Loth? une femme lui a fait commettre un inceste. Qui a été plus religieux que David? une femme cependant l'a dérangé de son devoir. Qui a été plus sage que Salomon? une femme l'a trompé. Qui jamais a été plus patient que Job? le diable le dépouilla de tous ses biens, lui enleva ses enfans, et le laissa tout couvert d'ulcères et de maladies. Il ne put cependant jamais le détourner de sa première simplicité, ni exciter en lui aucuns mouvemens d'impatience, ou de colère. Mais sa femme fit ce que le démon n'avoit pu faire; elle l'obligea de faire des imprécations sur son sort malheureux.

Et s'il m'est permis de citer ici Jésus-Christ qui, étant la sagesse éternelle et le bras droit du Trèshaut, ne reconnoît rien qui l'égale en puissance et en sagesse : n'a-t-il pas permis que la Cananéenne vainquît sa résistance à lui refuser ce qu'elle lui demandoit? Le Sauveur lui dit : Il n'est pas juste d'ôter le pain des enfans et de le donner aux chiens. La Cananéenne lui répondit: Il est vrai, Seigneur, mais du moins les chiens mangent les miettes qui tombent de la table de leur maître. Alors Jésus-Christ voyant que sa réponse ôtoit tout lieu de réplique, la bénit et lui dit : Qu'il vous soit fait selon votre désir.

Qui fut plus fermement attaché à Jésus-Christ que saint Pierre, le chef des Apôtres, le pasteur de l'église ? cependant une femme lui fit renier son maître. Les canonistes ont beau dire que leur église ne peut errer ; une femme déguisa son sexe, se fit pape et mit l'église en défaut par cette plaisante imposture.

XVI.

L'INIQUITÉ de la femme a souvent été plus abhorrée que la bonté de l'homme.

Mais, au reste, quelqu'un me dira que toutes ces choses sont plus à la honte des femmes, qu'à leur louange. Mais les femmes lui répondront : S'il est absolument nécessaire que l'un de nous deux perde son bien, ou même sa vie, j'aime mieux que vous fassiez cette perte, que de me

C 2

mettre dans le risque de la faire. Cette réponse est fondée sur l'exemple d'Innocent III, qui écrit dans une de ses Décrétales, à un cardinal Légat du Saint Siège : S'il faut nécessairement que vous, ou moi, ayons cette confusion, j'aime mieux que vous l'ayez que moi. De plus les lois civiles ne permettent-elles pas aux femmes de pourvoir à leur sureté, même au préjudice d'autrui ?

Ne voyons-nous pas encore dans l'Écriture les fautes des femmes souvent plus louées que les bonnes actions des hommes ? Rachel n'y reçoit-elle pas des louanges, pour avoir su adroitement tromper son père, qui cherchoit ses idoles qu'elle avoit emportées ? N'y est-il pas parlé avec éloge de l'action de Rébecca, qui fut cause que Jacob surprit Isaac son père et obtint sa bénédiction ? Son adresse n'y est-elle pas louée d'avoir su préserver Jacob de la colère d'Esaü son frère? Rahab, qui étoit une femme de mauvaise vie, trompa ceux qui cherchoient les espions de Josué; et cela lui est réputé à justice.

Jahel sortit au-devant de Sisara, et lui dit : Obligez-moi, mon Seigneur, d'entrer chez moi; il lui demande du lait à boire, et elle lui en donne; elle le couvre et le cache pour le laisser reposer. Mais lorsqu'il fut endormi, elle entra secrétement, lui enfonça un gros clou dans la tête, et tua ainsi le malheureux Sisara, qui s'étoit cru en sûreté entre ses mains. Cependant à cause de cette insigne trahison, l'Écriture dit de Jahel : Qu'elle soit bénie, comblée de louanges et de bénédictions dans sa tente, plus que toutes les autres femmes.

Lisez l'histoire de Judith, et faites attention à ce discours qu'elle tint à Holoferne : Ajoutez foi, lui dit-elle, aux paroles de votre servante;

parce que si vous le faites, le Seigneur vous fera réussir en tout; je viendrai vous découvrir toutes choses, jusqu'à ce qu'enfin je vous fasse entrer dans Jérusalem: vous vous rendrez maître de tout le peuple d'Israël, comme d'un troupeau de brebis, qui n'a point de pasteur; il n'y aura pas seulement un chien qui aboie contre vous. Le Seigneur mon Dieu a eu la bonté de me révéler toutes ces choses. Mais après l'avoir amusé par ces discours flatteurs, lorsqu'il fut plein de vin, elle lui coupa la tête. Du premier regard, il n'y a point d'entreprise qui paroisse plus injuste que celle de Judith; on ne peut rien penser de plus cruel, point de piège, point de trahison plus adroite et mieux concertée. C'est pourtant pour cette action que l'Écriture la bénit, la loue et l'élève par ses éloges. L'iniquité de la femme a donc été regardée comme valant encore mieux que la bonté de l'homme.

Caïn ne faisoit-il pas une bonne chose, en offrant à Dieu, en sacrifice, les prémices des fruits de la terre; et ce sont ces sacrifices qui l'ont rendu désagréable à Dieu? Esaü n'étoit-il donc pas louable lorsque, pour plaire à son père, qui étoit dans une foible vieillesse, il va à la chasse chercher de quoi lui donner à manger? et, pendant ce temps, la bénédiction de son père lui est enlevée, et Dieu lui fait sentir sa haine. Oza, par zèle pour sa religion, veut soutenir l'arche qui va tomber, et, dans le moment, il est frappé de mort. Le roi Saül prépare à Dieu un sacrifice magnifique des dépouilles des Amalécites vaincus; et Dieu lui ôte son royaume, et le livre à un esprit méchant. Les filles de Loth ne sont point punies pour l'inceste qu'elles avoient fait commettre à leur père;

et Loth, qu'elles avoient enivré, est puni : sa race est chassée de l'église de Dieu. L'inceste de Thamar est excusé, et elle est regardée comme étant plus juste que le patriarche Juda : par son inceste frauduleux, elle continue la ligne de génération d'où devoit sortir le sauveur.

Loin d'ici donc ces hommes hautains et présomptueux, et vous, beaux esprits, dont les têtes sont toutes hérissées de lauriers, et qui semblez enflés d'une nouvelle Pallas, que votre cerveau va nous enfanter : comment vous y prendriez-vous, à présent, pour nous prouver le sentiment contraire à celui que nous venons d'établir? Apportez autant d'exemples pour prouver que l'iniquité de l'homme vaut mieux que la bonté de la femme ! Vous ne pouvez pas soutenir ce sentiment, à moins d'avoir recours à un sens allégorique; ce qu'il nous est également permis de faire pour la femme, comme à vous pour l'homme : mais revenons à notre sujet.

XVII.

L'EXCELLENCE de la Femme est prouvée par les principes d'Aristote.

ON peut tirer une preuve très-évidente et très-convaincante de l'excellence de ce sexe fortuné ; de ce que la plus digne et la plus noble créature qui ait jamais été, et qui sera jamais, c'est une femme : C'est la très-sainte Vierge. Elle a été seule conçue sans participer au péché originel ; c'est ce qui fait que Jésus-Christ même, en ne faisant attention qu'à sa nature humaine, n'est pas au-dessus d'elle. Aristote le prouve de la manière suivante : ce qui se rencontre de meilleur dans un genre est plus noble que ce qui se trouve de meilleur dans un autre genre : le premier genre est plus noble que l'autre genre. Or la Sainte Vierge est ce qu'il y a de meilleur dans le genre des femmes ; saint Jean-Baptiste est ce qu'il y a de meilleur dans le genre des hommes ; mais aucun catholique n'ignore combien la Vierge est au-dessus de saint Jean ; elle, qui a été élevée au-dessus de tous les chœurs des anges : donc le genre feminin est plus noble que le genre masculin.

On peut encore raisonner ainsi : lorsque ce qu'il y a de plus mauvais dans un genre est pire que ce qu'il y a de plus mauvais dans un autre genre, ce premier genre est moins noble que l'autre. Or nous savons que la plus mauvaise et la plus vicieuse de toutes les créatures, est l'homme ; soit que ç'ait été Judas qui trahit Jésus-Christ, qui dit de lui : il eût mieux valu pour cet homme-là de n'être jamais né. Soit que ce doive être l'Antechrist, en qui résidera toute la puissance du démon. Et de plus, nous trouvons dans la sainte Écriture, les noms de plusieurs hommes condamnés aux supplices éternels; mais il n'y est point fait mention d'aucune femme damnée.

On peut ajouter encore à ceci, le grand avantage qu'ont les bêtes, en ce que le plus noble et le roi de tous les oiseaux, qui est l'aigle, est toujours femelle. Les Égyptien srapportent que le Phénix, cet oiseau unique dans son espèce, est toujours femelle. Le roi des serpens, au contraire, qu'on appelle un basilic, dont le venin est le plus dangereux qu'il y ait, est toujours mâle, et même il seroit impossible qu'il en pût naître qui fussent femelles.

XVIII.

Tout le mal vient des hommes, et le bien vient des Femmes.

On peut encore tirer plusieurs preuves très-fortes de l'excellence, de la probité et de l'innocence des femmes, de ce que tous les maux ont commencé par les hommes et non par les femmes. En effet, c'est Adam qui fut le premier pécheur, qui osa transgresser la loi de Dieu, qui a fermé les portes du ciel, et nous a rendus sujets au péché et à la mort. Car nous avons tous péché et sommes tous morts en Adam, et non en Ève.

Caïn, le fils aîné d'Adam, a le premier ouvert les portes de l'enfer; il a été le premier envieux, le premier homicide, le premier fratricide, et le premier qui ait désespéré de la miséricorde de Dieu. Lamech a été le premier qui ait eu deux femmes. Noë s'est enivré le premier. Cham a été le premier enfant qui ait déshonoré son père. Nemroth a été le premier tyran et le premier idolâtre. Le premier adultère a été un homme. Le premier incestueux a été un homme. Les hommes ont, les premiers, fait des pactes avec le démon, et ont, les premiers, inventé les arts et les sciences profanes. Les enfans de Jacob ont, les premiers, vendu leur frère. Pharaon, roi d'Égypte, a, le premier, fait mettre à mort des enfans. Ce sont les hommes qui, les premiers, sont tombés dans des déréglemens contraires à la nature; témoins Sodome et Gomorre, ces villes autrefois si superbes, qui ont été réduites en cendres, à cause des péchés des hommes seuls.

Nous trouvons dans toutes les histoires, des hommes qui, par un excès de volupté, ont eu plusieurs femmes à la fois. Nous en trouvons qui ont été adultères et fornicateurs. Ainsi nous lisons que Lamech, Abraham, Jacob, Esaü, Joseph, Moïse, Samsom, Halcana, Saül, David, Salomon, Assur, Roboam, Abia, Caleph, Assuérus, et une infinité d'autres, ont eu plusieurs femmes, sans compter le grand nombre de leurs concubines. Plusieurs même n'ont pas encore été satisfaits de cette multitude de femmes : pour assouvir leur luxure, ils se sont encore servi de leurs esclaves.

Mais pour les femmes, on n'en trouvera aucune, excepté Bethsabée, qui n'ait été contente d'un seul mari, et on ne verroit aucune femme s'être remariée, si elle eût eu des enfans de son premier mari. Car les femmes ont beaucoup plus de continence que les hommes. Nous en voyons même qui, se trouvant être stériles, se sont privées des approches de leur mari, et leur ont substitué d'autres femmes, dont ils pussent avoir des enfans : comme il est rapporté de Sara, Lacbel, Lia, et d'autres, qui étant stériles, ont donné leurs servantes à leurs maris, afin qu'ils ne demeurassent pas sans enfans.

Mais quel est l'homme, je vous prie, si vieux, si cassé, si froid, si stérile et si inepte qu'il puisse être, qui ait assez de tendresse et de complaisance pour sa femme, pour lui en substituer un autre à sa place, et qui ne laisse pas inutiles ses heureuses dispositions ! Nous lisons cependant que Lycurgue et Solon, ces sages législateurs, avoient ordonné que si un homme, ou trop âgé, ou peu propre au mariage, avoit épousé une jeune fille, il seroit permis à sa femme de choisir un jeune homme fort et vigoureux, avec qui elle pût prendre ses ébats ; avec cette seule condition, que les enfans qu'elle auroit de lui, seroient réputés être de son mari, et ne seroient point regardés comme illégitimes. Nous lisons bien que ces lois ont été établies, mais nous ne voyons point qu'elles aient été observées, moins par la dureté des maris, qu'à cause de la grande continence des femmes.

Il y a encore un grand nombre de femmes illustres qui se sont signalées plus que tous les hommes, par leur continence et leur modération, quoiqu'engagées dans le mariage. Telles ont été Abigail, femme de Nabal, Artémise, femme de Mausole, Julie, femme de Pompée, Portie, femme de Caton, Cornélie, femme de Gracchus, Messaline, épouse de Sulpice, Alceste, mariée à Admète, Hypposicrate, femme de Mitrhidate roi de Pont, Didon, qui a bâti Carthage, etc., et une infinité d'autres, qui ont mieux aimé mourir que de survivre à la perte de leur honneur ou de leur virginité, comme, par exemple, Atalante Calydoine, Camille, du pays des Volsques, Iphigénie, de Grèce, Cassandre et Crise. On peut mettre dans le même nombre les vierges de Lacédémone, de Sparte, de Milésie et de Thèbes; sans en nommer une infinité d'autres dont il est fait mention dans les histoires des Hébreux, des Grecs et des peuples barbares, lesquelles filles, ont plus estimé leur virginité que des royaumes et leur vie même.

XIX.

Les mauvais Maris font seuls les mauvaises Femmes.

Si l'on veut des exemples de la tendre amitié des femmes, se présentent, entre autres, celui de Claudie, cette vestale qui donna de si belles preuves de son amour pour son père, et celui que nous avons déjà rapporté de cette fille qui nourrit sa mère de son lait.

Mais quelqu'un, comme Zoïle, opposera à tout ce que je viens de dire, les mariages funestes de Samson, de Jason, de Deïphobe, d'Agamemnon, et d'autres, qui font le sujet des tragédies : lesquels étant examinés avec soin, on conviendra que c'est à faux qu'on donne le tort aux femmes, puisqu'il n'est jamais arrivé qu'un homme de bien ait eu une mauvaise femme.

En effet, il n'y a jamais que les mauvais maris qui aient de mauvaises femmes, lesquelles, souvent, ils ont rendu mauvaises par leur faute, de bonnes qu'elles étoient, lorsqu'ils les ont eues. Croyez-vous, s'il eût été permis aux femmes d'établir des lois, et d'écrire des histoires, combien auroient-elles pu composer de tragédies sur l'énorme malice des hommes! En effet, combien y a-t-il d'hommes qui sont homicides, voleurs, brigands, faussaires, incendiaires et traîtres. Il y en avoit un si grand nombre de cette sorte, du temps de Josué et de David, qu'ils avoient leurs chefs et leurs commandans. Le monde en est encore peuplé aujourd'hui. Les prisons sont toutes pleines d'hommes, et tout est couvert des cadavres des suppliciés.

X X.

Les Femmes sont les auteurs de tout ce qu'il y a de bon.

Mais les femmes ont inventé tous les Arts qu'on appelle libéraux; et sont les auteurs de toute vertu et de tout bien. C'est pour cela que toutes les sciences et les vertus ont des noms féminins. Et ce qui est encore bien remarquable, c'est que toutes les parties du monde portent des noms de femmes : l'Asie est ainsi nommée du nom d'une nymphe, appelée Asie. L'Europe, du nom d'Europe fille d'Agenor. La Lybie, du nom de la fille d'Epaphe; on la nomme aussi Afrique. Enfin, si nous descendons dans le détail de toutes les vertus, nous trouverons que la femme y tient toujours la première place.

En effet, ç'a été une femme, qui a la première consacré à Dieu sa virginité : c'est la Vierge Marie qui a mérité d'être la mère de Dieu. Les femmes qui ont été douées du don de prophétie, ont toujours eu des inspirations plus fortes que les hommes; ce qui est certain par l'exemple des Sybiles, comme l'attestent Lactance, Eusèbe et saint Augustin. Nous voyons Marie, sœur de Moïse, prophétiser; et pendant que Jérémie étoit dans la prison, Dieu suscita à son peuple Olda, qui étoit la femme de l'oncle de Jérémie, pour prophétiser au peuple d'Israël sa perte prochaine; ce que son époux n'avoit pu faire.

Parcourons les saintes Écritures,

et nous y verrons la constance des femmes dans la foi et dans la pratique des autres vertus, élevée beaucoup au-dessus de celle des hommes: comme dans Judith, Ruth, Esther, lesquelles ont été comblées de tant de louanges et d'honneurs, qu'il y a des livres, parmi ceux que l'église reconnoît, qui portent leurs noms.

Abraham même, que l'Écriture appelle juste à cause de sa grande foi, est cependant assujetti à sa femme, et le Seigneur lui fait ce commandement : Faites exactement ce que vous dit Sara votre femme. C'est ainsi que nous voyons Rebecca, qui croit à la parole de Dieu, et mérite que le Seigneur, répondant à sa prière, lui révèle ce grand miracle : Il y a deux nations dans votre ventre, et il en sortira deux peuples. La veuve de Sarepa crut Élie, quoique ce qu'il lui disoit fût très-difficile à croire.

Le prêtre Zacharie ne crut point à la parole de l'ange, il en fut repris et devint muet; mais Elisabeth sa femme y ajouta foi; c'est pourquoi sa langue et son ventre prophétisèrent, et elle félicita la Sainte Vierge en lui disant: Que vous êtes heureuse d'avoir cru ce que le Seigneur vous a dit! Anne la prophétesse ayant entendu le témoignage de Siméon, reconnut le Seigneur Jésus, et en parloit à tous ceux qui la vouloient entendre et qui espéroient le salut d'Israël. Philippe avoit quatre filles vierges, qui prophétisoient.

Que dirai-je de la Samaritaine, avec qui Jésus-Christ s'entretenoit auprès du puits de Jacob! sa foi rassasia tellement le Sauveur, qu'il ne voulut point prendre des alimens que lui présentèrent ses disciples. Que dirai-je encore de la foi de la Cananéenne, et de cette femme, qui avoit une perte de sang depuis long-temps! La foi et la confusion de Marthe, n'étoit-elle pas semblable à la confession de saint Pierre? Les évangiles nous font assez connoître combien la foi de la Madeleine étoit grande et constante; car pendant que les prêtres et les Juifs crucifient Jésus-Christ, elle pleure au pied de sa croix : elle porte des parfums pour embaumer son corps; elle le cherche dans le tombeau; elle interroge le jardinier qu'elle rencontre; elle connoît que cet homme est Jésus-Christ : elle va trouver les apôtres, et leur apprend que leur maître est ressuscité; ils en doutent, et elle croit avec confiance.

Puis-je ne rien dire de cette sainte femme appelée Priscille, qui enseigna Apollon, qui fut un homme apostolique, qui excelloit dans la science de la religion, et qui fut Evêque de Corinthe! Ajoutez à tout cela que le nombre des femmes qui ont sacrifié leur vie, et ont souffert le martyre avec patience pour la défense de leur foi, n'est pas moindre que celui des hommes.

Mais je ne puis passer sous silence cette femme admirable, dont la mémoire durera tant qu'il y aura des gens de bien. Cette mère courageuse voyoit non-seulement avec fermeté ses sept enfans souffrir sous ses yeux un martyre cruel; mais encore elle les exhortoit à la mort : et elle-même, qui avoit toujours mis sa confiance en Dieu, fut aussi mise à mort après ses enfans, pour la religion de ses pères.

N'a-t-on pas vu des filles gagner à Jésus-Christ des peuples sans nombre? Les Lombards furent convertis par Théodelinde, qui étoit fille du roi de Bavière; les Hongrois par Grésille, qui étoit sœur de l'empereur Henri premier : les Français

par

par Clotilde, la fille du roi des Bourguignons : les Ibernois enfin furent ramenés à la foi, par une certaine fille apostolique d'une basse condition; mais ceux là seuls sont de véritables Chrétiens, qui ont conservé toujours la foi catholique, et qui vivent dans la pratique des bonnes œuvres.

X X I.

Rien de grand et d'illustre que n'aient fait et puissent faire les Femmes, également comme les hommes.

Mais afin que personne ne doute que les femmes ne puissent faire tout ce que les hommes ont jamais fait, nous allons prouver par plusieurs exemples, que les hommes n'ont jamais rien fait de grand et de remarquable, en quel genre d'action que ce soit, que les femmes n'aient fait les mêmes choses avec autant d'éclat et de succès.

D

Et premièrement, dans le Sacerdoce, plusieurs femmes, parmi les païens, s'y sont acquis un grand nom, comme Melisse, prêtresse de Cybelle; son nom a été dans la suite toujours donné aux prêtresses, qu'on a appelées Melisses. Nous trouvons encore Hypecaustrie, prêtresse de Minerve, Mera, prêtresse de Vénus, Iphygénie, prêtresse de Diane; et toutes les femmes consacrées à Bacchus, lesquelles avoient plusieurs noms; on les appeloit les Thyades, les Menades, les Bacchantes, les Eliades, les Mimallenides, les Ædonides, les Euthyades, les Basarides, et les Triaterides.

Chez les Juifs, Marie, sœur de Moïse, entroit dans le sanctuaire avec Aaron, et on la regardoit comme consacrée au service de Dieu. Dans la religion chrétienne, quoique les fonctions du Sacerdoce ne se confient point aux femmes, l'histoire nous apprend cependant qu'une femme ayant déguisé son sexe, parvint jusqu'à la dignité de souverain pontife. Tout le monde connoît la sainteté de nos abesses et de nos religieuses, que les auteurs anciens ne dédaignent pas d'appeler prêtresses.

Plusieurs femmes, parmi les peuples de toutes sortes de religions, se sont rendues recommandables par le don de prophétie. Telles sont Cassandre, les Sybilles, Marie, sœur de Moïse, Débora, Ulda, Anne, Elisabeth, les quatre filles de Philippe; et plusieurs autres, dans des temps moins reculés, comme sainte Brigitte et Hildegarde. Plusieurs femmes, entre autres Médée, ont encore excellé dans la magie, qui est la connoissance des bons ou des mauvais démons; elles ont fait des choses plus surprenantes que n'en a fait Zoroastre même, qu'on dit être le premier qui se soit appliqué à cette science.

Combien y en a-t-il qui ont fait des progrès inconcevables dans la philosophie? Telles ont été Théano, la femme de Pythagore; et Dama sa fille, qui s'acquit un grand renom, en développant et expliquant les opinions de son père. Nous voyons encore Aspasié et Diotime, qui furent disciples de Socrate; Mantinée, Philasie, et Axiochie qui écoutèrent Platon.

Plotin parle avec éloge de Genime et d'Amphiclée. Lactance fait mention de Themiste. L'Église catholique fait l'éloge de sainte Catherine, qui surpassa en science tous les philosophes de son temps. Il ne faut pas oublier la reine Zénobie, qui fut disciple du philosophe Longin; à cause de ses grands progrès dans les sciences, elle fut surnommée Ephemisse. Nichomaque a traduit ses excellens ouvrages.

Mais passons à la poësie et à l'éloquence. Il s'offre d'abord Armesie, surnommée Androgenie, Hortensie, Lucrèce, Valère, Copiole, Sapho, Corine, Cornificie, Romane, Erine, Talie ou Tesbie, qu'on a surnommé faiseuse d'épigrammes. Saluste fait mention de Sempronie. Les Jurisconsultes allèguent Calphurnie; et si ce n'est qu'il est peu d'usage aujourd'hui que les femmes s'appliquent aux belles lettres, il y auroit un nombre infini de femmes qui fleuriroient et brilleroient plus que les hommes.

XXII.

Les Femmes savent toutes choses naturellement.

Que dirai-je de ce bienfait particulier de la nature, par lequel les femmes surpassent aisément et sans étude, ceux mêmes qui sont maîtres dans chaque art ? Les grammairiens ne se vantent-ils pas d'être les maîtres du beau langage ? Mais nos nourrices et nos mères savent mieux nous apprendre notre langue, que ne feroient les grammairiens. Cornélie n'a-t-elle pas formé à l'éloquence, les Gracches ses enfans ? Syles, fils d'Aripithe, roi de Scythie, n'a-t-il pas appris de sa mère la langue Grecque ? Les enfans qui sont nés dans des colonies fort éloignées, n'ont-ils pas toujours conservé la langue de leurs mères ?

C'est pour cette raison que Quintilien avertit si soigneusement, qu'on prenne garde de donner aux enfans des nourrices, qui aient quelqu'éducation ; afin que les enfans apprennent à parler comme il faut.

Les poëtes, dans leurs jeux d'esprit, dans leurs fables, et les dialecticiens, dans leurs disputes puériles et leur babil sans fin, ne se voient-ils pas surpassés par les femmes ? Il n'y a point encore eu d'orateur assez persuasif et assez heureux, qui ait mieux attrapé l'art de persuader, que la moindre femme; quel est l'arithméticien assez fin pour tromper une femme par ses faux calculs, lorsqu'il lui paye ses dettes? Quel est le musicien qui ait la voix plus douce et plus agréable que celle de la femme?

Des femmes de la campagne, ne surpassent-elles pas souvent, par leurs prédictions et leurs pressentimens de ce qui doit arriver, les philosophes, les mathématiciens, et les astrologues? Une femme de néant a souvent fait de plus belles cures que des médecins célèbres. Isocrate, qui fut le plus sage de tous les hommes, ne dédaigna pas, quoique dans un âge avancé, d'apprendre quelque chose d'une femme nommée Aspasie, comme le rapporte Pithion. Apollon pareillement fût enseigné par Priscille.

XXIII.

Prudence et sagesse des Femmes.

Que si l'on désire des exemples de la prudence des femmes; nous trouvons Opis, parmi les déesses; Plotine, femme de Trajan, Amalasonte, reine des Ostrogoths, Emilie, femme de Scipion : on y peut ajouter la prudente Débora, et la femme de Labidoth, laquelle, comme on lit dans le livre des Juges, conduisit quelque temps le peuple d'Israël, et jugeoit toutes les constestations des particuliers : Barach ne voulant point donner bataille, cette femme fut choisie pour commander les armées, elle attaqua l'ennemi, le battit, le mit en fuite et remporta une victoire signalée. On lit encore dans le livre des Rois, qu'une femme nommée Athalie régna dans Jérusalem, et jugea le peuple pendant sept ans.

On voit Sémiramis, après la mort du roi Ninus, juger les peuples pendant quarante ans. Toutes les Candaces tinrent le gouvernement de l'Ethiopie, avec prudence et beaucoup d'éclat; il en est parlé dans les actes des apôtres; et Joseph l'historien, raconte d'elles des choses admirables.

Il ne faut pas oublier cette reine de Saba, nommée Nicaule, laquelle vint des extrémités de la terre, pour entendre la sagesse de Salomon. Cette femme, selon le témoignage de Jésus-Christ, condamnera un jour les hommes de Jérusalem. Nous connoissons encore la grande sagesse de Tochnides; cette femme embarrassa David par ses interrogations; elle l'avertit de son devoir d'un manière énigmatique, et elle l'adoucit par l'exemple de Dieu, qu'elle lui proposa. Nous ne citerons plus qu'Abigail et Bethsabée, dont la première délivra son mari de la colère de David, qu'elle épousa après la mort de Nabal; et l'autre obtint par sa prudence le royaume pour Salomon son fils.

XXIV.

Hauts Faits, et Bravoure des Femmes.

Les femmes se sont encore illustrées par plusieurs savantes découvertes; telles sont Isis, Minerve et Nicortrate : d'autres ont fondé des empires et des villes, comme Sémiramis, qui commandoit à tout l'univers; comme Didon et les Amazones.

Les femmes se sont aussi distinguées dans les combats, entre autres Chomiris, reine des Massagotes, laquelle défit Cyrus, roi des Perses. Camille, du pays des Volsques, et Valisce, de Bohême, qui ont été deux puissantes reines. Les Pandes des Indiens, les Amazones, les Candaces, les femmes de Lemnos, de Perse et de plusieurs autres pays.

L'Histoire fait encore mention de plusieurs femmes illustres qui, par leurs courageuses entreprises, ont sauvé leur patrie, qui étoit près de sa ruine. Judith est de ce nombre. Voici comme la loue saint Jérôme : Regardez la veuve Judith, qui est un exemple de chasteté; ne cessez point de lui donner des louanges. Il la propose pour modèle, non-seulement aux femmes, mais même aux hommes, parce que Dieu, qui récompense la chasteté, lui a donné un courage si grand, qu'elle a vaincu celui qui ne l'avoit pas été jusqu'alors, et qu'elle a terrassé un ennemi formidable.

Nous lisons encore qu'une certaine femme pleine de sagesse, appela Joab, et lui mit entre les mains la tête de Siba, l'ennemi de David; afin qu'on épargnât la ville d'Abela, qui étoit la ville la plus considérable des Israëlites. Une autre femme, en jetant d'une fenêtre un morceau d'une meule de moulin, écrasa la tête d'Abimelech. Dieu se servit de cette femme pour punir ce malheureux, parce qu'il avoit péché contre le Seigneur, et qu'il avoit affligé son père, en faisant égorger, sur la même pierre, ses soixante et dix frères.

Nous voyons Esther qui, devenue l'épouse du roi Assuérus, délivre son peuple d'une mort honteuse et lui procure beaucoup de gloire. Les Volsques tenant la ville de Rome assiégée, sous le commandement de Cn. Martius Coriolan, Véturie sa mère, qui étoit fort âgée, conserva la ville, en faisant une réprimande à son fils. Arthémise, se voyant accablée par les Rhodiens, défit leur flotte, s'empara de leur île et éleva dans la ville de Rhodes une statue, qui exprimoit sa haine contre les habitans de cette ville.

Mais qui pourra donner assez de louanges à cette fille, qu'on appelle la Pucelle d'Orléans, qui, quoique d'une basse extraction, s'est cependant rendue très-illustre. L'an 1428, les Anglais ayant pénétré bien avant dans la France, cette fille, comme une nouvelle Amazone, prit les armes, se mit à la tête de nos armées, et combattit avec tant de courage et de bonheur, qu'après avoir vaincu les Anglais dans plusieurs combats, elle reconquit le royaume des Français, qui étoit presque tout perdu. Pour conserver le souvenir de cette éclatante action, on a élevé à cette fille valeureuse une statue à Orléans, sur le pont de la Loire. Je pourrois tirer des histoires des Grecs, des Latins, et des autres peuples, tant anciennes que nouvelles, une infinité d'exemples de cette sorte ; mais cela me meneroit trop loin : j'ai dessein d'être court.

En effet, Plutarque, Valère, Bocace et plusieurs autres, rapportent grand nombre d'histoires de femmes qui se sont rendues recommandables. C'est pourquoi il reste encore plus de choses à dire à la louange des femmes, que je n'en ai dit. D'ailleurs, je ne suis pas assez présomptueux pour m'imaginer pouvoir renfermer dans un si petit ouvrage tout ce qu'il y a de belles qualités et de vertus dans les femmes. Car qui seroit assez habile pour développer et mettre dans son jour, tout ce qu'il y a de louable en elles : elles de qui nous tenons l'être, par qui le genre humain se perpétue éternellement, et enfin par qui se maintiennent les familles et la république entière.

X X V.

Marques d'honneur rendues à la Femme.

Le fondateur de la ville de Rome, persuadé que son empire ne dureroit guères s'il n'y avoit des femmes, et voyant qu'il n'en avoit point, ne fit pas difficulté de s'engager dans une guerre cruelle avec les Sabins, en leur enlevant leurs filles.

Les Sabins se rendirent maîtres du Capitole; les deux peuples se livrèrent un sanglant combat dans la place publique; mais les femmes s'étant mises entre les deux armées, le combat cessa; les Romains firent la paix avec les Sabins et lièrent amitié ensemble. C'est pourquoi Romulus donna aux Curies les noms de ces filles, par lesquelles il divisa son peuple; et les Romains demandèrent qu'on mît, par exception, dans les tables publiques, que la femme ne moudroit point le blé, et ne feroit point la cuisine. On défendit que la femme reçût rien de son mari, ni le mari de sa femme comme un présent; afin qu'ils sussent que tout étoit commun entre eux. C'est pourquoi, dans la suite, l'usage étoit que ceux qui introduisoient l'épouse, lui faisoient dire à son époux : où vous êtes, j'y suis : comme si elle eût dit, où vous êtes seigneur et maître, je suis maîtresse.

Ensuite, après l'expulsion des rois, les Volsques, sous le commandement de Coriolan, s'étant avancés jusqu'à la cinquième pierre, ils en furent chassés par le moyen des femmes. En reconnoissance de ce bienfait, on consacra un temple magnifique à la bonne fortune des femmes. De plus, par arrêt du Sénat, on déféra aux femmes plusieurs marques d'honneur et de gloire : entre autres, il fut ordonné que les hommes leur céderoient toujours le côté le plus élevé et le plus honorable dans les rues : on leur permit encore de porter des habits de pourpre avec des franges d'argent, de s'orner de diamans, de boucles d'oreilles, de bagues et de colliers.

Les empereurs, dans la suite, ont eu soin que, lorsqu'il y auroit défense en quelque lieu de porter certains habits ou certaines parures, ces lois ne regardassent jamais les femmes. On leur a donné droit aux successions et aux héritages. Les lois ont encore permis qu'on accompagnât les funérailles des femmes, de discours et d'éloges funèbres, comme on fait à celles des grands hommes.

Nous voyons que n'y ayant pas assez d'argent dans Rome, pour satisfaire au vœu de Camille, qui avoit promis un présent considérable à Apollon de Delphes; les femmes donnèrent, de leur plein gré, tous leurs joyaux. Nous voyons encore dans la guerre qu'avoit Cyrus contre Astyage, que l'armée des Perses étant mise en fuite, elle se rallia, piquée par les reproches des femmes, revint au combat, et remporta une illustre victoire ; en reconnoissance de quoi Cyrus ordonna que les rois de Perse, en entrant dans la ville, donneroient à chaque femme une pièce d'or : ce qu'Alexandre fit les deux fois qu'il entra dans cette ville ; Cyrus ordonna encore qu'on donneroit le double aux femmes enceintes. Les femmes ont donc été comblées de marques d'honneur, dès le temps des plus anciens rois des Perses, et dès la naissance de l'Empire romain.

Les empereurs mêmes n'ont pas eu de moindres égards pour elles ; c'est pourquoi l'empereur Justinien a cru devoir consulter sa femme sur toutes les lois qu'il établissoit. Une desquelles dit : que la femme brille de la gloire de son mari ! qu'elle soit couverte de son éclat ! afin qu'autant que le mari sera élevé en honneur et en dignité, sa femme le soit aussi avec lui. C'est pour cela que la femme d'un empereur est appelée

Impératrice; la femme d'un roi a le titre de reine; celle d'un prince, celui de princesse, quelle que soit sa naissance. Et Ulpian dit encore: Le prince, c'est-à-dire, l'empereur, n'est pas soumis aux lois; mais Augusta qui est l'épouse de l'empereur, quoi qu'en elle-même elle y soit soumise, cependant l'empereur lui communique et partage avec elle ses priviléges.

C'est pour cette raison qu'il est permis aux femmes de condition d'opiner et de juger dans des affaires, de faire arrêter gens à leur service, et de décider des contestations agitées entre leurs vassaux. C'est encore pour cela qu'une femme peut avoir ses domestiques, de même que son époux. Elle peut même être arbitre dans des différends de personnes qui ne lui appartiennent pas. La femme peut même faire porter son nom à sa famille; de sorte que les enfans mâles aient le nom de la mère et non celui du père.

XXVI.

Priviléges accordés à la Femme par les Lois.

Les femmes ont encore de grands priviléges dans ce qui regarde leur dot. Les lois sont expresses là-dessus en différens endroits du corps du Droit. Il est même ordonné, pour la sûreté des femmes et afin que leur réputation ne soit point flétrie, qu'aucune d'elles ne peut être mise dans les prisons pour dettes civiles ; bien plus, la loi menace de mort le juge qui l'auroit fait emprisonner. Si une femme est soupçonnée d'avoir fait quelque faute, la loi ordonne qu'on la mette dans un couvent, ou qu'on laisse à des femmes le soin de la faire enfermer : la raison de cela est, comme l'insinue la loi, que la femme est meilleure que l'homme ; parce que, pour une même faute, il est beaucoup plus répréhensible qu'elle. Azo, dans sa Somme; et le spéculateur, touchant les renonciations, rapportent plusieurs autres priviléges accordés aux femmes.

XXVII.

Les Femmes sont capables de tout; l'Histoire en fait foi.

Nous voyons encore que Lycurgue et Platon, ces anciens législateurs, ces chefs de la république, ces hommes illustres par leur sagesse, leur savoir et leur prudence, convaincus, par les lumières de la philosophie, que les femmes ne sont pas moindres que les hommes, par l'excellence de leur esprit, la force de leur corps et la dignité de leur nature; nous voyons, dis-je, ces hommes, les plus sages de l'antiquité, ordonner que les femmes s'exerçassent, comme les hommes, à la lutte et aux autres exercices du corps; qu'elles apprissent la discipline de la guerre, à tirer de l'arc, à jeter des flèches, à se servir de la fronde, à lancer des pierres, à combattre, armées, soit à pied soit à cheval, à disposer un camp, à ranger une armée en bataille, à la conduire. En un mot, ils vouloient que tous les exercices des hommes fussent communs aux femmes.

Si nous lisons d'anciennes histoires dignes de foi, nous y verrons les hommes de la Gétulie, de la Bactriane, aujourd'hui le Chorozan, et de la Galice en Espagne, croupir dans la mollesse et l'oisiveté, tandis que les femmes cultivent la campagne, bâtissent des maisons, font les affaires, montent à cheval, font la guerre, et prennent tous les soins qui sont parmi nous le partage des hommes. Dans la Cantabre, aujourd'hui la Biscaie, les hommes apportoient leur dot en se mariant, les sœurs faisoient les mariages de leurs frères, et les filles étoient les premiers héritiers.

Parmi les Scythes, les Thraces et les Gaulois, les femmes et les hommes faisoient conjointement toutes choses; les femmes traitoient de la paix et de la guerre; et elles avoient leur voix dans les jugemens et les délibérations. Le traité des Celtes avec Annibal en est une preuve; et le voici : Si quelqu'un des Celtes se plaint d'avoir reçu des torts de la part de quelque Carthaginois, les magistrats et les généraux des Carthaginois, qui se trouveront en Espagne, en seront juges; mais si un Celte a fait quelqu'injustice à un Carthaginois, les femmes en seront juges.

XXVIII.

L'état où est la Femme aujourd'hui, est par usurpation de ses droits.

Mais la tyrannie et l'ambition des hommes ayant pris le dessus, contre l'ordre du créateur et l'institution de la nature, la liberté, qui avoit d'abord été accordée aux femmes, leur est ôtée aujourd'hui, me direz-vous, par les lois; l'usage universel de tous les peuples y est opposé, et la manière dont on élève les femmes les en éloigne.

En effet, à peine une fille est-elle née, on la tient renfermée dans la maison, sans l'occuper à rien de solide ou de sérieux; et comme si elle n'étoit pas capable de plus grandes choses, on veut qu'elle fasse son unique occupation de son fil et de son aiguille.

A-t-elle atteint l'âge de puberté, on la met sous la dure domination d'un d'un mari, ou on la renferme, pour toute sa vie, dans un monastère. Les lois l'éloignent de toutes les charges publiques. Quelque esprit qu'elle ait, on ne lui permet point de parler dans le barreau, on ne lui accorde aucune juridiction, aucun droit d'arbitre, d'adoption, d'opposition; on ne lui confie nulle affaire : on ne la reçoit point pour tutrice ou curatrice; elle ne peut se mêler ni de testamens, ni d'affaires criminelles.

On interdit la prédication aux femmes, quoique l'écriture dise dans Joël : vos filles prophétiseront ; et que, du temps des apôtres, elles enseignassent publiquement, comme il est dit d'Anne, des filles de Philippe et de Priscille.

Mais les derniers législateurs ont été bien différens des premiers; ils ont regardé les femmes comme beaucoup au-dessous des hommes. Les femmes doivent cependant se sou-

E

mettre à ces lois, comme les vaincus sont obligés de céder à l'autorité des vainqueurs. Ce ne sont point les lois de la nature, ni du créateur, ni encore moins la raison qui les y obligent; mais une malheureuse coutume, une fatale éducation, leur sort malheureux et un hasard injuste les y engagent.

XXIX.

La Femme n'est point faite pour obéir à l'homme.

Mais il y a des hommes qui veulent faire servir l'Écriture à les disculper de la tyrannique autorité qu'ils ont prise sur les femmes : ils croient leur domination bien établie sur ces paroles que Dieu adressa à Ève après sa chute. Tu vivras soumise à ton mari, et il dominera sur toi. Ils ont ces mots continuellement dans la bouche. Si on leur répond que Jésus-Christ a levé cette malédiction, ils répliqueront aussitôt par ce passage de saint Paul : Que les femmes soient soumises à leurs maris ; que les femmes se taisent dans l'église.

Mais quiconque connoît un peu le style de l'Écriture, et ses manières de parler, verra aisément que ces passages ne nous sont contraires qu'en apparence. Car c'est l'ordre de la discipline ecclésiastique, que les hommes soient préférés aux femmes dans le ministère sacré, de même que les Juifs étoient préférés aux Gentils dans l'ordre des promesses ; mais Dieu ne fait acception de personne : il n'y a en Jésus-Christ ni mâle, ni femelle, mais une nouvelle créature.

Et, de plus, tous ces airs d'autorité n'ont été permis à l'homme qu'à cause de la dureté de son cœur ; de même qu'il a été permis aux Juifs de répudier leurs femmes ; mais tout cela ne blesse en rien la dignité de la femme, et même les femmes redressent souvent les hommes, lorsqu'ils se trompent. La reine de Saba ne jugera-t-elle pas un jour les hommes de Jérusalem ?

Les hommes donc qui, étant justifiés par la foi, ont été faits les enfans d'Abraham, c'est-à-dire, les enfans de la promesse, sont soumis à la femme, et ils sont obligés d'obéir à l'ordre que Dieu donna à Abraham : Faites tout ce que vous dira Sara votre femme.

XXX.

Récapitulation et Conclusion de ce Traité.

Faisons l'abrégé de tout ce traité. Nous y avons prouvé la grandeur et l'excellence des femmes au-dessus des hommes, par le nom donné à la première femme, par l'ordre du temps auquel elle a été créée ; par le lieu de sa formation, par la matière dont elle a été faite : nous l'avons encore montré par des preuves tirées de la religion, de la nature des lois humaines, par différentes autorités, par plusieurs raisons, et par une infinité d'exemples.

Mais il faut convenir que nous n'en avons pas tant dit, qu'il n'en reste encore beaucoup plus à dire. Je n'ai point entrepris de faire ce traité par vanité, ou pour m'attirer des louanges; mais par devoir et par amour de la vérité; craignant qu'en gardant un silence criminel, je ne privasse le beau sexe des louanges qui lui sont dues, et ne devinsse ainsi très-coupable d'avoir enfoui le talent que j'avois reçu; ayant connu, mieux qu'un autre, les raisons de la grandeur et de l'excellence des femmes.

Si quelqu'un, plus exact que moi, trouvoit des preuves nouvelles qui pussent embellir ce traité ; loin de le regarder comme un critique mordant, je lui saurois gré de m'avoir secondé, et d'avoir rendu, par ses lumières et ses recherches, ce petit ouvrage plus complet et plus riche. Je le finis ici brusquement, car je craindrois qu'il n'eût enfin une longueur excessive.

F I N.

COMMENTAIRES.

COMMENTAIRES.

PAGE PREMIÈRE.

(1) Le verset 27 du premier chap. de la Genèse, porte mot à mot : *Dieu créa l'homme à son image; il le créa mâle et femelle.* On lit dans le verset qui suit : *Dieu dit à Adam, croissez et multipliez.*

Eve n'étant pas encore créée, il est incontestable qu'Adam étoit hermaphrodite, et qu'il avoit la faculté d'engendrer sans le secours de la femme.

Plusieurs anciens ont prétendu que les premiers hommes étoient composés de deux corps placés face à face, et que Dieu les dédoubla, on ne sait trop pourquoi. De là vient, dit-on, le penchant irrésistible qui entraîne, avec tant d'ardeur, un sexe vers l'autre, chaque moitié désirant se rejoindre avec son autre moitié.

Cette opinion a quelque chose qui plaît; cependant je suis porté à croire qu'Adam étoit tout simplement hermaphrodite, et qu'il ressembloit parfaitement à ce moine d'Issoire en Auvergne, qui, selon les registres de son couvent, avoit les deux sexes, dont il s'aida de telle manière qu'il s'engrossa lui-même, et devint père et mère tout ensemble.

Dans la chronique de Jean Molinet, on lit les vers suivans faits au sujet de ce moine :

> J'ai vu vif, sans fantôme,
> Un jeune moine avoir
> Membre de femme et d'homme
> Et enfant concevoir ;
> Par lui-seul en lui-même
> Engendrer, enfanter,
> Comme font autres femmes,
> Sans outils emprunter.

Puisqu'il est démontré, par les saintes Ecritures, qu'Adam avoit les deux sexes, on doit conclure de ce qu'il fut créé à l'image de Dieu, que Dieu lui-même est hermaphrodite. Je suis étonné que cette conséquence immédiate ait échappé à nos plus subtils docteurs.

PAGE PREMIÈRE.

(2) De très-habiles médecins ont

soutenu que, dans l'un et l'autre sexe, les parties de la génération sont entièrement semblables et que leur seule différence consiste en ce que la femme les a dedans, et que dans l'homme ces mêmes parties sont renversées en dehors.

Ces médecins citent plusieurs femmes dont les parties de la génération, excitées par le flambeau de l'hymen, se sont élancées en dehors la première nuit de leurs noces, au grand étonnement de leurs maris. On ne dit point si des hommes sont devenus femmes, en rentrant en eux-mêmes.

Quoi qu'en puissent conclure ces médecins, il existe très-heureusement de la différence entre l'homme et la femme; le docte Boufflers, qui fait certainement autorité en pareilles matières, l'a démontré jusqu'à l'évidence.

Comme la thèse que ce savant docteur a soutenue sur cet objet, intéresse les deux moitiés du genre humain, je vais la transcrire tout au long. Il fait toucher du doigt et de l'œil la différence des deux sexes et la raison d'icelle. On lira ensuite le profond commentaire du Chantre de Ferney.

Thèse soutenue à Cythère par le docteur BOUFFLERS, *sur le sexe de la femme et sur celui de l'homme.*

LE cœur est tout, disent les femmes ;
Sans le cœur point d'amour, sans lui point de bonheur.
Le cœur seul est vaincu, le cœur seul est vainqueur.
  Mais qu'est-ce qu'entendent ces dames,
  En nous parlant toujours du cœur ?
En y pensant beaucoup, je me suis mis en tête
Que du sens littéral elles font peu de cas,
Et qu'on est convenu de prendre un mot honnête,
  Au lieu d'un mot qui ne l'est pas.
Sur le lien des cœurs en vain Platon raisonne ;
Platon se perd tout seul et n'égare personne ;
Raisonner sur l'amour, c'est perdre la raison ;
Et dans cet art charmant, la meilleure leçon,
  C'est la Nature qui la donne.
  A bon droit nous la bénissons,
Pour nous avoir formé des cœurs de deux façons.
  Car, que deviendroient les familles,
  Si les cœurs des jeunes garçons
  Etoient faits comme ceux des filles ?
Avec variété Nature les moula,
Afin que tout le monde en trouvât à sa guise ;
Prince, manant, abbé, none, reine, marquise,
Celui qui dit sanctus, celui qui crie allah,
Le bonze, le rabbin, le carme, la sœur grise,

Tous reçurent un cœur; aucun ne s'en tint-là;
　　C'est peu d'avoir chacun le nôtre,
　　Nous en cherchons par tout un autre.
Nature, en fait de cœurs, se prête à tous les goûts;
　　J'en ai vu de toutes les formes,
Grands, petits, minces, gros, médiocres, énormes,
Mesdames et Messieurs, comment les voulez-vous?
On fait, par tout, d'un cœur tout ce qu'on veut en faire,
On le prend, on le donne, on l'achète, on le vend;
Il s'élève, il s'abaisse, il s'ouvre, il se resserre.
　　C'est un merveilleux instrument:
　　J'en jouois bien dans ma jeunesse;
　　Moins bien pourtant que ma maîtresse.
　　O vous, qui cherchez le bonheur,
　　Sachez tirer parti d'un cœur!
Un cœur est bon à tout, par tout on s'en amuse;
　　Mais à ce joli petit jeu,
　　Au bout de quelque temps il s'use,
Et chacune et chacun finissent, en tout lieu,
　　Par en avoir trop ou trop peu.
　　Ainsi, comme un franc hérétique,
Je médisois du Dieu de la terre et du ciel;
　　En amour j'étois tout physique:
　　C'est bien un point essentiel,
　　Mais ce n'est pas le point unique;
　　Il est mille façons d'aimer;
　　Et ce qui prouve mon système,
　　C'est que la bergère que j'aime
　　En a mille de me charmer:
　　Si de ces mille, ma bergère,
　　Par un mouvement généreux,
　　M'en cédoit une pour lui plaire,
　　Nous y gagnerions tous les deux.

Commentaire du Chantre de la divine Pucelle, sur la thèse du docteur Boufflers, touchant le sexe de la femme et le sexe de l'homme.

CERTAINE dame honnête, et savante et profonde,
Ayant relu dix fois votre Traité du Cœur,
Disoit, en se pâmant : Que j'aime cet auteur !
Ah ! sans doute qu'il a le plus grand cœur du monde.
De mon heureux printemps j'ai vu passer la fleur ;
 Le cœur pourtant me parle encore.
Du nom de petit cœur quand mon amant m'honore,
 Je sens qu'il me fait trop d'honneur.
Hélas ! foibles humains, quels destins sont les nôtres !
 Qu'on a mal placé les grandeurs !
 Qu'on seroit heureux si les cœurs
 Etoient faits les uns pour les autres !
Illustre chevalier, vous chantez vos combats,
 Vos victoires et votre empire ;
Et dans vos vers heureux, comme vous pleins d'appas,
 C'est votre cœur qui vous inspire.
Quand Lisette vous dit : Rodrigue, as-tu du cœur ?
Sur l'heure elle l'éprouve, et dit avec franchise :
 Il eut encor plus de valeur,
 Quand il étoit homme d'église.

PAGE 2.

(3) Puisqu'il est malheureusement trop vrai qu'en paradis nous ne serons plus propres à goûter les plaisirs de l'amour ; pendant que le destin nous le

permet encore, livrons-nous sans réserve aux ébats amoureux. Il est si doux de se dire, en s'acheminant chez les morts: *j'ai joui de tous les plaisirs de la vie; j'ai serré dans mes bras, j'ai pressé sur mon cœur les plus belles des vierges; cent fois elles ont partagé mes brûlans transports; cent fois, elles ont plongé mon âme dans des torrens de délices.*

O Mahomet, pourquoi faut-il que ton paradis ne soit qu'une fable! au lieu de chanter sans cesse après notre mort, *sanctus, sanctus, alleluia, alleluia*, avec des vierges toujours vierges, nous goûterions, avec tes célestes houris, des voluptés enivrantes, qui se renouveleroient à chaque instant, et qui se prolongeroient dans tous les siècles des siècles.

Abymé dans ces tristes idées, je disois un jour à l'aimable et belle Zirphé, qu'il seroit à désirer que quelqu'un entreprît de réformer le paradis des chrétiens. Je vous en charge, me dit-elle; qu'est-ce que vous y feriez pour le rendre plus agréable ? Je pris aussitôt la plume, et traçai le plan de réforme qu'on va lire.

Je bannirai l'ennui du Paradis,
Et l'étiquette et la bigoterie ;
Près de Jésus je placerai Cipris,
Et dans les bras de la vierge Marie
Se pâmera l'archange Gabriel.
Le Saint-Esprit, ce pigeon immortel,
En roucoulant agitera ses ailes.
Tous les élus, par l'exemple excités,
S'enivreront de douces voluptés.
Vous cesserez enfin d'être pucelles,
Vous connoîtrez le doux plaisir d'aimer,
Vous, que l'amour ne put jamais dompter
Pendant le temps que vous viviez encore.
Et vous, Zirphé, vous, que mon cœur adore,
Attendrez-vous que nous soyons tous deux
En Paradis, pour couronner mes feux ?

Zirphé approuva mon plan, et me promit de me rendre heureux dans mon paradis réformé.

PAGE 17.

(4) Il existe une ancienne tradition qui donne à la femme une autre origine.

Simonide, dans un de ses poëmes,

dit que Dieu forma la femme de la substance du chien, et qu'elle est, en tout, semblable à son père : *mulierem ex cane fecit Deus, parenti suæ similem.*

Pour quelle raison Simonide a-t-il donné à la femme une telle origine ? Seroit-ce à cause que le chien est le symbole de la constance et de la fidélité ? Seroit-ce à cause de l'affection que la femme a toujours manifestée pour ce complaisant animal ? je l'ignore ; je laisse à d'autres le soin d'expliquer la *féminogonie* de ce poëte célèbre.

PAGE 20.

(5) Le lecteur me saura quelque gré de transcrire ici les vers de Nevisan, sur les trente choses nécessaires à la femme pour être parfaitement belle. Je suis fâché que la délicatesse de notre langue ne me permette pas de les traduire en français.

Triginta hæc habeat, quæ vult formosa vocari
 Femina ; sic Helenam fama fuisse refert.
Alba tria et totidem nigra, et tria rubra puella.
 Tres habeat longas res, totidemque breves.

Tres crassas, totidem graciles : tria stricta, tria ampla.
   Sint itidem huic formæ : sint quoque parva tria.
Alba cutis, nivei dentes, albique capilli.
   Nigri oculi, cunnus, nigra supercilia.
Labra, genæ atque ungues rubri ; sit corpore longa,
   Et longi crines, sit quoque longa manus ;
Sintque breves dentes, auris, pes ; pectora lata,
   Et clunes ; distent ipsa supercilia ;
Cunnus et os strictum, stringunt ubi cingula stricta.
   Sint coxæ et collum, vulvaque turgidula :
Subtiles digiti, crines et labra, puellis,
   Parvus sit nasus, parva mamilla, caput.
Cum nullæ aut raro simul hæ, formosa vocari
   Nulla puella potest, rara puella potest.

PAGE 23.

(6) David vit Bethsabée, en devint amoureux, lui déclara son amour et lui fit un enfant. Urie, son mari, se fâcha ; David le fit assassiner, et épousa sa femme.

Cher lecteur, si tu as une épouse d'une beauté éclatante, comme Bethsabée, empêche-la de se pavaner devant ces animaux à deux pieds et sans plumes, qui veulent bien se donner la peine de nous brider, seller et monter ; ou crains le sort de l'infortuné Urie.

PAGE 29.

(7) Ovide a dit, il y a deux mille ans, que les yeux des bêtes sont tournés vers la terre, et qu'au contraire, ceux de l'homme se dirigent vers les cieux. Ovide a dit une sottise, et depuis deux mille ans on ne cesse de la répéter ; tant il est vrai que la plupart des hommes sont de véritables perruches, incapables de rendre d'autres sons que ceux qu'on leur apprend à redire avec beaucoup de peine.

Je ne sache pas qu'il existe un seul animal dont les yeux soient tournés vers la terre. Ceux des quadrupèdes, des oiseaux et des poissons, sont dirigés, comme ceux de l'homme, parallélement à la surface de la terre: la plupart des insectes regardent directement les cieux. Pour qu'Ovide eût raison, il faudroit que l'homme eût les yeux placés sur le sommet de la tête.

J'ai prouvé qu'Ovide a tort; j'ajoute à présent qu'il n'y a pas un seul animal dans le monde, dont les yeux soient placés plus défavorablement que dans l'homme.

La plupart des animaux ont les yeux placés sur deux plans parallèles, de sorte que chaque œil, embrassant la moitié de l'horizon, leurs deux yeux embrassent l'horizon tout entier; donc la plupart des animaux voient tout à la fois, à droite, à gauche, par devant et par derrière. Pour que l'homme eût le même avantage, il faudroit que ses yeux fussent dans ses oreilles.

Les Cyclopes, avec un seul œil au milieu du front, avoient la vue tout aussi nette, tout aussi étendue que l'homme, avec ses deux yeux enfoncés, séparés par une cloison.

Socrate avoit grandement raison, lorsqu'il soutenoit que ses yeux étoient mieux placés que ceux de Critobule. « Tes yeux, disoit-il, ne voient que ce qui s'offre devant toi, tandis que les miens voient, en outre, ce qui est à droite et à gauche, attendu qu'ils sont placés latéralement, et que mon nez camus ne les empêche point de regarder ce qu'ils veulent voir ».

PAGE 38.

(8) De ce que la vierge Marie devint mère sans le secours de l'homme, beaucoup de personnes estiment que le Saint-Esprit la rendit féconde, sans lui faire éprouver les doux plaisirs de l'amour ; c'est une erreur.

Le jésuite Sanchez, dont les décisions sont regardées comme des oracles, dans le monde chrétien, a démontré, d'une manière incontestable, que le Saint-Esprit, sous la forme d'un pigeon, fit éprouver à la vierge Marie les mêmes transports que Jupiter, sous la figure d'un cygne, fit partager à la belle Léda.

Voyez Sanchez, *de sancto matrimonio*, livre 11, depute 21, et proposition 11, où il démontre, *virginem Mariam et Spiritum Sanctum semen ministravisse in incarnatione Christi.*

J'ai entendu plusieurs doctes personnages hasarder le raisonnement suivant, au sujet de l'incarnation.

Le Saint-Esprit, qui a eu un commerce charnel avec la vierge Marie, est le même individu que Jésus-Christ, qui est le fils de Marie. Or Jésus-Christ est Dieu lui-même ; donc Dieu a connu charnellement la vierge Marie sa mère; donc Dieu a commis un inceste.

Cette conséquence n'est pas juste. En effet, un homme commet un inceste lorsqu'après avoir été engendré, il a un commerce charnel avec sa mère, dans le dessein d'engendrer. Or Dieu n'étoit pas encore au monde quand il eut un commerce charnel avec sa mère, dans le dessein de s'engendrer ; donc Dieu ne commit point un inceste en s'engendrant avec sa mère. *Quod erat demonstrandum.*

PAGE 44.

(9) Dieu n'ayant point interdit à la femme de manger du fruit de l'arbre

de la science, il est évident qu'elle ne pécha point en mangeant de son fruit, attendu qu'il est permis de faire tout ce qui n'est point défendu. C'est donc avec raison que les femmes étoient dispensées de la circoncision par l'ancienne loi.

Si les femmes étoient autrefois dispensées de la circoncision, il est évident qu'elles doivent être dispensées aujourd'hui du baptême, qui a remplacé cette opération douloureuse. J'espère qu'au premier concile, nos saints évêques, qui savent tout aussi-bien que moi, que la femme ne pécha point en mangeant la moitié d'une pomme, se hâteront de dispenser les femmes de la cérémonie du Baptême.

Au reste, s'il est vrai, comme saint Augustin le dit dans sa Cité de Dieu, que, sans le péché originel, l'homme auroit rendu la femme féconde sans éprouver le moindre plaisir, et de la même manière que sa main ensemence une terre fertile; félicitons-nous de l'heureux péché de notre premier père, et remercions le diable d'avoir tenté notre première mère.

PAGE 45.

(10) Si j'avois eu l'honneur d'être Dieu, je me serois fait femme, et non pas homme, malgré tous les beaux raisonnemens d'Agrippa ; j'aurois été bien aise de goûter les plaisirs de l'amour sous les deux espèces, et de décider, par ma propre expérience, si Tirésias fut un juge impartial dans la dispute qui s'éleva autrefois entre Jupiter et Junon, dans laquelle il s'agissoit de savoir qui de l'homme ou de la femme éprouve plus de plaisir dans les ébats amoureux.

FIN.

TABLE

TABLE
DES SOMMAIRES.

Aux femmes, page v.

I. Nulle différence de l'ame de la Femme, d'avec celle de l'Homme, 1.

II. Il y a des preuves certaines de l'excellence de la Femme au-dessus de l'Homme, 2.

III. Le nom d'Eve prouve la supériorité de la Femme au-dessus de l'Homme, 4.

IV. La Femme est le Chef-d'œuvre des ouvrages de Dieu, 8.

V. Le lieu où fut formée la Femme, en prouve la grandeur, 13.

VI. La qualité de la matière dont fut formée la Femme, en établit l'excellence. 16.

VII. LOUANGES données à la beauté de la Femme, 19.

VIII. PUDEUR et modestie des Femmes, 26.

IX. PROPRETÉ de la Femme, 27.

X. LA Femme fournit le principal dans la génération. Conséquences de ce principe, 30.

XI. CHOSES particulières et étonnantes qui se remarquent dans la Femme, 33.

XII. PREUVE tirée de l'usage de la parole, 39.

XIII. LA Femme fait le bonheur de l'homme, 40.

XIV. LA Femme paroît avoir été moins blâmable que l'homme, dans la désobéissance, 43.

XV. LA Femme peut tout sur l'homme. 48.

XVI. L'INIQUITÉ de la Femme a

souvent été plus louée que la bonté de l'homme, 51.

XVII. L'excellence de la Femme est prouvée par les principes d'Aristote, 57.

XVIII. Tout le mal vient des hommes, et le bien vient des Femmes, 60.

XIX. Les mauvais Maris font seuls les mauvaises Femmes, 65.

XX. Les Femmes sont les auteurs de tout ce qu'il y a de bon, 67.

XXI. Rien de grand et d'illustre que n'aient fait et puissent faire les Femmes, également comme les hommes, 73.

XXII. Les Femmes savent toutes choses naturellement, 77.

XXIII. Prudence et sagesse des Femmes, 80.

XXIV. Hauts Faits, et Bravoure des Femmes, 82.

XXV. Marques d'honneur rendues à la Femme, 86.

XXVI. Priviléges accordés à la Femme par les Lois, 92.

XXVII. Les Femmes sont capables de tout ; l'Histoire en fait foi, 93.

XXVIII. L'etat où est la Femme aujourd'hui, est par usurpation de ses droits, 96.

XXIX. La Femme n'est point faite pour obéir à l'homme, 98.

XXX. Récapitulation et Conclusion de ce Traité, 100.

COMMENTAIRES, 105.

Fin de la Table.

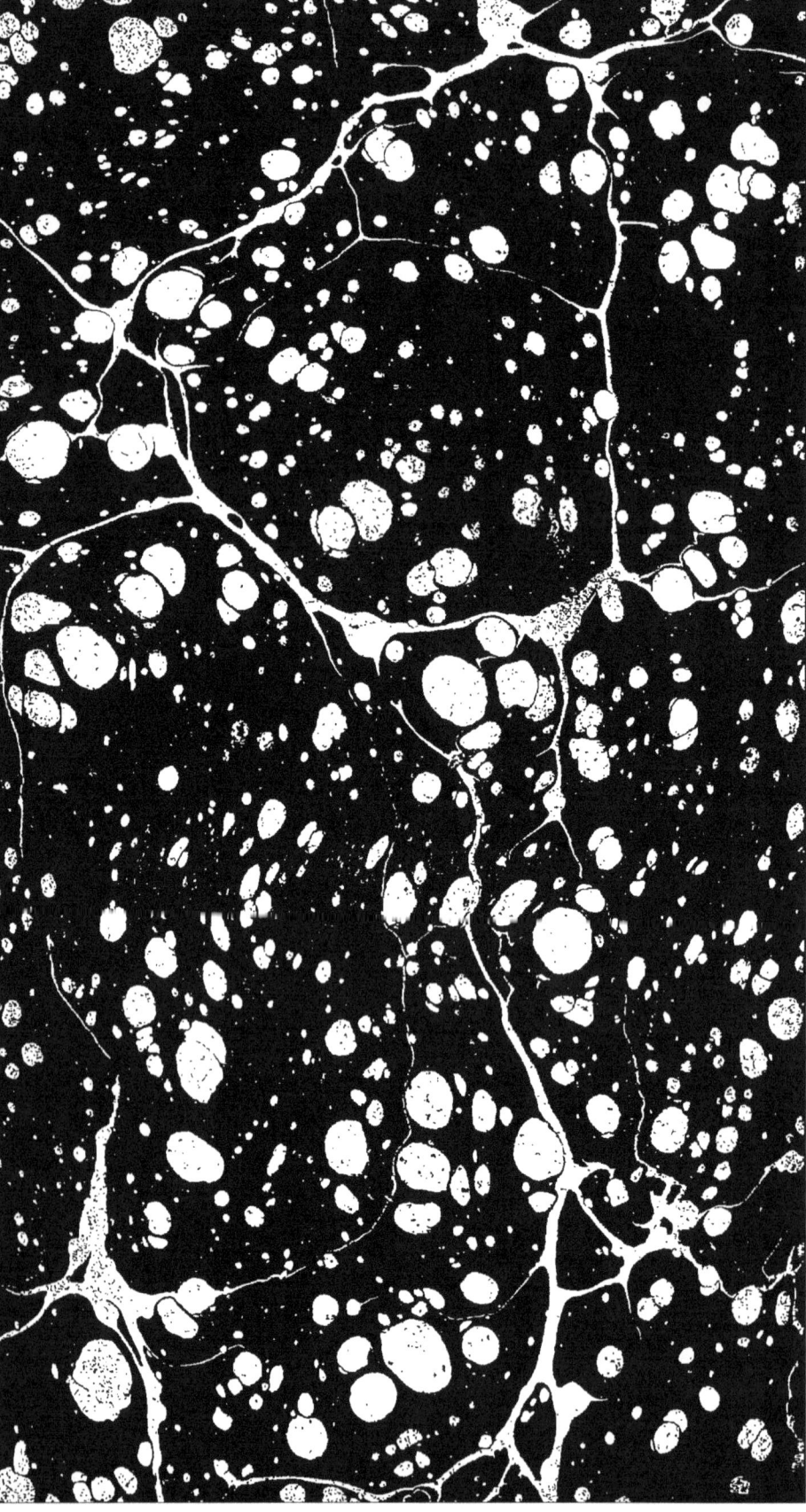

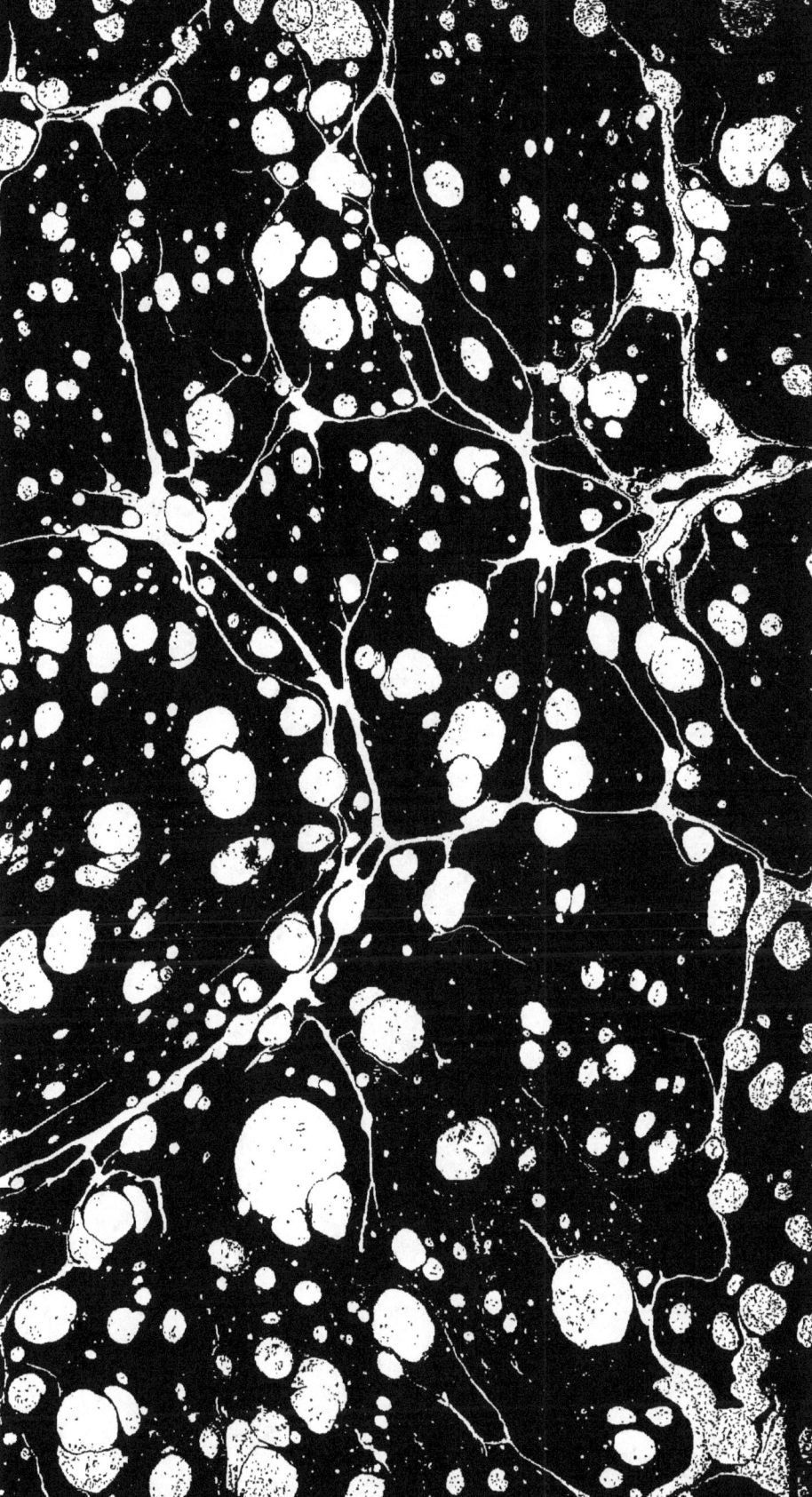